教师的高效沟通策略

〔德〕曼弗雷德·普赖尔 〔德〕海克·温克勒◎著

〔德〕迪特尔·坦根◎绘 曹 颖◎译

北京科学技术出版社

看，我的讲台上有一本书……

普赖尔博士的书真是妙语连珠！

嗯，我必须说，没必要给我看这本书！我自己早就是非常有经验的教学专家了！

没有人能抢了我的风头，即便是你，普赖尔博士，我的好兄弟！我的课可是非常受欢迎的！

这本书的内容在我看来有些晦涩。就算没有这本书，我也能应对我的宝贝学生。

哦，书里面还夹着一张纸条！是来自作者的问候。他可真好！他想知道我的意见。我当然知道书里的策略还需要通过实践来检验。亲爱的读者，您怎么看？好吧，我就试试吧。最好是和我那些九年级的学生一起，毕竟他们的表现已经糟得不能再糟了。这不，你听到他们的吵闹声了吧，他们正向教室走来……

目　录

v

"好了！那个……现在……天哪，你们简直是在折磨我！……老师有话要说！……你们至少要对老师说声'早上好'吧！……你们也想让我问候你们？……我什么都没听见！……老天爷啊，你们这群孩子！……好了，现在终于安静了！你们终于恢复理智了。至少今天理智些吧，孩子们，因为有人在看着我们！"

"谁？"

"是读者，他们正看着我们呢，海纳。"

序　言

────────────────────────────

　　几年前，我写了一本名为《小细节，大成效——使心理干预效果最佳的15个细节》（*MiniMax-Interventionen — 15 Minimale Interventionen mit maximaler Wirkung*）的书[①]，介绍了15种在心理咨询和心理治疗中以最少的付出达到最佳效果的干预措施。这本书很快成为畅销书，极小化极大准则干预法成了心理咨询师和心理治疗师在与来访者和患者沟通时的标准方法。极小化极大准则干预法的成功一方面归功于美国心理治疗师米尔顿·H. 艾瑞克森（Milton H.

────────────────────────────

[①]　曼弗雷德·普赖尔（Manfred Prior）著，2009年第8版，德国卡尔·奥尔出版社。

Erickson），因为这种方法在很大程度上是从他具有创造性的催眠术衍生而来的。另一方面，很多同行给我写信，说极小化极大准则干预法简单易懂，他们在使用后获得了很多有益的经验。我还经常听人说，极小化极大准则干预法在心理咨询和心理治疗之外的领域也成了实用的沟通方法。

在上面提到的那本书的基础上，我与教师海克·温克勒（Heike Winkler）合著了这本书，介绍了 16 种极小化极大策略。极小化极大策略是通过改变用词、句式等语言细节的方式，使沟通效果获得极大提升的沟通策略。我们希望通过本书减轻教师繁重的工作，因为极小化极大策略可以让教师在日常的交流中更加轻松、更加从容。我们描写了教师在与学生、家长、同事的日常对话中以及在课堂上应该注意的沟通上的细节，以便教师想要传递的信息尽可能多地被沟通对象接收。

因为教师通常不愿像心理咨询师或心理治疗师那样对别人进行"干预"，而要努力去与对方沟通，所以我们在这里描写了使用 16 种沟通策略的细节。这些策略：

· 可以以最小的付出达到最大的效果；

· 几乎可以用于所有的对话，而不受对话内容的限制；

· 适用于多种情境；

· 可以让任何人都快速学会并从中受益。

此前，我有机会将这些极小化极大策略传授给很多教师，他们在使用这些沟通策略后获得了很好的效果。这些从细节入手的策略在日常沟通中为他们减轻了负担，对此他们反响很热烈。极小化极大策略在很大程度上有助于减少沟通中的"摩擦损失"。使用这些策略越频繁，沟通的效果就越好，我的这一认识一再得到印证。在日常教学中，尤其是在教师感到沟通无望的情况下，他们总是希望有奇迹出现，这是可以理解的。然而，即使教师系统地应用了极小化极大策略，一蹴而就的奇迹也不会出现。

阅读建议和本书使用说明

很多读者通过朋友介绍看到了上述那本写给

心理咨询师和心理治疗师的关于极小化极大准则干预法的书，他们都说自己"只是翻了翻"。之后他们便惊讶地发现，本书中关于极小化极大策略的描述太有意思了，让他们读完全书还有意犹未尽的感觉。喜欢巧克力布丁的人不应该一次吃10碗巧克力布丁。同样，如果你能抵挡住一次看完10个甚至全部16个极小化极大策略的诱惑，那么你将从中获益更多。吃甜点的时候可以随意地这种吃一口，那种吃一口。阅读本书中所有策略的顺序也由你自己决定，但策略9除外，因为策略9是与策略8相关联的。你可以反复阅读那些能给你带来益处和享受的策略，也可以在读某个或某些策略时停下来，在脑子里将自己对极小化极大策略的认识整理一下。你对这些策略越熟悉，就越能发现该如何改善你的沟通方式。

你不一定会立刻觉得所有的策略都有说服力。当你发现了一些适合你的策略，或者经过回想发现你以前已经在日常的沟通中系统地运用了一部分策略，你该为此感到高兴。请你更有目的、更频繁地使用你最喜欢的策略。

本书绘者迪特尔·坦根（Dieter Tangen）以

漫画的形式描绘了每一个极小化极大策略运用在现实中时，课堂上会发生什么。认真的读者将在幽默的漫画故事中发现，并非所有事情都尽如人意。在学校里，教师怎样做才能让事情按希望的那样发生呢？你可以从本书中找到答案。

最后，祝大家在阅读本书时轻松愉快，同时又收获满满！

曼弗雷德·普赖尔

引　言

　　"现在，请同学们坐下，听我说：我们每个人都有弱点……"

　　"您也有吗？"

　　"噢，当然。如果我们不战胜这些弱点，它们早晚会让我们吃苦头……"

　　"也让您吃苦头了？"

"别胡说八道，汤姆！蒂姆，把你耳朵里的东西拿出来！你们真的是……"

"太糟糕了！"

"看来你们已经明白了……蒂姆，你听不见老师的话吗？"

"对，他这会儿耳朵不好使。"

"蒂姆，别闹了！"

"哦，布鲁姆老师，我马上，马上……好了，现在我能听见了！"

"好吧，好吧……之前我发现普赖尔博士写的一本书放在这里。他似乎很懂我应该拿你们怎么办。"

"您现在是要在我们身上试试吗？好啊，我们也很好奇。"

极小化极大策略 1

谈论学生的问题和困难时，要用"过去""以前"

谈论一个人的问题时，明智的做法就是从对方的角度和经验出发去正确地理解他。要做到这一点，你通常需要或多或少地复述并说出你所理解的内容。在与学生对话时，教师应当这样做：重复学生说的内容，以及告诉学生自己对此是如何理解的。例如，教师想知道学生如何解释数学作业又做得如此糟糕。对此，学生解释道：

"您知道，我对数学就是一点儿兴趣都没有，所以也不喜欢写作业，懂的也就越来越少了……"

现在，教师在表达他对这段话的理解时可以加上简短的词语（如"**过去**"或"**以前**"）作为补充。

"你的意思是，因为你**过去**没有找到学数学的乐趣，不喜欢写作业，然后懂的就越来越少了？"

教师这样表述几乎完全重复了学生的话，不仅告诉学生他已经充分理解了学生，而且让学生知道他理解得比学生更准确。因为准确来说，学生的陈述实际上只表明数学在过去对他来说是个问题。对于错误、弱点、困难和问题在未来是否持续存在，人们不能也不想做出百分百确定的描述。人们在谈到错误、弱点、困难和问题的时候，实际上谈的只是过去存在的。因此，教师只有在对话中加上"**过去**"这个词才是正确的。此外，加这个词还表明了将来可能会不同。

当与别人讨论他的错误、弱点、困难或问题时，加上"**过去**"（或者）"**以前**"总是一个明智的选择。因为有了这个简短的表示时间的词，你就强调了你想要准确理解对方的意图。最重要的是，这个词有助于你向对方展示美好的未来和解决方案：**过去**他经常遇到这样的困难……**未来**他想要找到一条出路，一个解决方案。**过去**他不喜欢数学；**过去**他在考试的时候不专心；**过去**他写作业的时候不够仔细；**以前**，他在小组口语作业上的表现还不够积极，还不足以让他得到一个好成绩……

　　过去，人们一直没有认识到这个词的价值。**以前**，这种运用表示时间的词的策略很少被专门用于关于错误、弱点、困难或问题的谈话中，而这些谈话恰恰关系到未来人们能否找到解决方案以及找到什么样的解决方案。

　　请你在谈论错误、弱点、困难或问题时，加上表示过去的词！

　　"好了，大家注意！我们今天要讲的是毕达哥拉斯定理，它说的是：$a^2 + b^2$……哎，有什么事吗？"

"布鲁姆老师，我们真的对数学没兴趣！"

"好吧，普赖尔博士的书告诉我应该怎么做了。但是，即使我想那样做，我还是很难理解，因为我真的觉得数学很有意思！"

"就这样？a^2 和 b^2 就是有意思？"

"等等，你们根本不知道接下去是什么。嗯，三角形有三条边，其中……"

"哇，真的很'有意思'……"

"唉，你们现在不必为了讨好我假装感兴趣。你们老是瞎胡闹，前几天你们把厕所的卫生纸浸湿了揉成团到处乱扔，把教室弄得乱七八糟……"

"别啊，布鲁姆老师，您不要总是说那些过去的事情！"

"嘿，可它们都是真实发生过的！比如上周二有九个人忘了带本子……"

"不是的，我的本子被我妈妈不小心扔掉了。"

"是的，是的，呵呵，我知道。玛琳的本子被狗啃坏了。而海纳，你的本子大概还在校车里跟着校车到处跑呢。"

"哈！您就不能把这些忘了？和您在一起我们也很难轻松呀，您总是在挑刺！"

"我总是在做什么？"

"就是老抱怨！每次我们都因此很生您的气，但好在马上就忘了。"

"好吧，反正在健忘这件事情上你们很在行。"

"这么说来，您还可以从我们身上学到一些东西呢！"

"您知道吗？您的课真的很……"

"别说了，奥利！老师不会改的。但奥利说得对，老师，您的课真的不能让我们感兴趣，您可以多点儿激情！"

"激情？什么意思？……哦，好吧……好吧，让我想想……"

"真的吗？那我们可能也会在数学上努努力！"

用"如何""什么""哪些"等提问来引导学生思考

在为教师、心理咨询师和心理治疗师举办的研讨会上，我都会让大家注意使用"是否"这个词的优缺点。我认为：**通常情况下，不用"是否"这个词提问会更好。**

当然，"是否"这个词并不是多余的，而是绝对有用的。当你想从对方那里获得明确的答案（即"是"或"否"）以及关于"是"或"非"的明确信息时，这个词很有用。例如，当你想要获得明确的肯定或否定的答案时，这个词就很重要，如"我想知道您**是否**想租这间公寓？""您**是否**会在……的时候参加这个活动？""当发生……事情

的时候我**是否**可以请你帮忙?"……对很多人来说,这个词最重要的意义可能存在于下面这个问题中:"我想知道你**是否**愿意嫁给我!"

学校的考试经常针对明确的信息提问,让学生在几个选项中做出选择,或者让学生回答用"是否"提出的问题(比如"德国在 1923 年是否发生了严重的通货膨胀?")。无论是在课堂上讲课时还是在找学生单独谈话时,教师的目的都是激发学生思考和帮助学生找到特定的思考方向。而这些目的有时会因为教师用了"是否"或"能否"这样的词提问而变得难以实现。例如:

· 你**是否**愿意为了在这门课上有更好的表现和成绩而认真学习?

· 你**是否**考虑过坚持完成作业?

· 你**能否**做到书写清晰、工整?

· 你**是否**有解决这个问题的思路?

一般情况下,被提问的人不会想太多,并且在回答所有这些问题的时候会出于谨慎而仓促地回答"否"(可能他认为这样就可以将犯错的风险降到最低）。提出这样的问题后，教师通常只会收到否定的答案，并且促使对方形成否定的态度。这样一来，当学生在回答下一个不太巧妙的问题时，无论他的真实想法如何，他仍然回答"否"的可能性都会提高。例如，教师问："在你给出这个（否定）答案之后我想问问，你对上学到底有没有兴趣……"学生可能会说或想："其实没有……"虽然不管教师有没有提出上面的那些问题，有些学生都会说自己"对上学压根没有兴趣"，但是教师在问出这些愚蠢的带"是否"的问题并在一两个学生那里得到否定的回答后，会无意识地在对学生的"印象拼图"上加一块"不想上学"的"拼图碎片"。

事实上，教师想知道的根本不是学生**是否**愿意为在某门课上有更好的表现和成绩而认真学习，而是学生会**如何**做以达到这个目标。教师对学生**是否**考虑过坚持完成作业也不太感兴趣，他在意的是对于**如何**坚持完成作业的问题，学生有**哪些**想法。教师也不想知道学生**能否**书写清晰、工整，而想知道学生将来**如何**做才能书写清晰、工整。大多数时候，教师也不是想知道学生**是否**有了解

决某个问题的想法，而是想知道对这个问题学生
有**哪些**想法。一般来说，教师不怎么关心学生**是
否**掌握了知识或者**是否**在积极思考，他关心的是
学生掌握了**哪些**知识以及在思考**什么**问题。最重
要的是，教师希望学生掌握的知识和思考的问题
都越来越多。

因此，人们如果不再那么关注"**是否**"，而
更多地关注"**如何**""**什么**""**哪些**"，那么在提
问的时候就要这样表达：

· 为了在这门课上有更好的表现和成绩，你
会**如何**认真学习？

· 对于**如何**坚持完成作业的问题，你有**哪些**
想法？

· 你**如何**才能书写清晰、工整？

· 对于解决这个问题你有**哪些**想法？

我们几乎可以得出这样一个结论：当你想鼓
励对方说出观点、想法、解决问题的具体方法、
方案、改进方法、自身拥有的优势和可以利用的
资源时，最好不要用"是否"提问，而要用"如

何""什么""哪些"提问。

对我来说重要的是，阅读了本书的教师日后能更加轻松、更加高效地工作。因此，我想问教师的问题是：

· 您觉得刻意不用 "是否" 提问有 **哪些** 好处呢？

· 当您日后真的只是想通过提问得到 "是"或 "否" 的回答时，您会 **如何** 用 "是否" 提问？

· 当您想引导学生思考和探索时，**什么** 将有助于您更多地使用 "如何" "什么" "哪些"，而避免使用 "是否"？

· 当您日后在课堂上不合时宜地提出有 "是否" 这个词的问题时，您将 **如何** 纠正？

顺便说一句，开头提到的那句关于求婚的问题也可以避免使用 "**是否**"："我想知道你 **在什么情况下愿意和我结婚**。请告诉我，**我要做些什么你 才会 和我结婚**。"

"好吧，我们先不管这件事。所以，你们想要更努力？那好吧，我们拭目以待，看看你们是认真的，还是又在说大话。在本学年结束的时候就知道这些办法最终是不是……喂，麦克斯，停下！……最终是不是有用……蒂姆，你在干什么？我严重怀疑你今年能不能……麦克斯，别闹了！还有蒂姆，别打嗝了！"

"我停……嗝……不下……嗝……来！麦克斯……嗝……他传染给我了！"

"不是我！……哎呀，嗝……是蒂姆……嗝……传染给我的……嗝……我觉得，这是……嗝……一种传染病！"

"那就到教室门口去，否则你们会传染给其他人的！好了好了，现在我们回到毕达哥拉斯定理上……嗯？又怎么了？"

"布鲁姆老师，您得好好想想，我们真的要在学校里学这些吗？或许普赖尔博士那本很厉害的书里有现成的妙招，告诉您怎样做才能让我们学会这些。"

用"而是"鼓励学生明确说出自己的目标

如果你在预订航班时告诉客服人员，你的目的地"不再是这令人沮丧的格拉斯哥"，那么你在任何一家旅行社都不能顺利买到机票。在这种情况下你的表达应该更清晰、更直接。

当被问到自己的目标时，人们通常很清楚**自己不想做什么，不想去哪里。肯定地说出想要什么和想去哪里，往往是非常困难的。**知道并且能说出的目标比未知的或说不出的目标更容易实现。古罗马哲学家塞涅卡（Seneca）早就说过：对不知道驶向哪个港口的船只来说，任何风都不是顺风。

因此，我们要帮助对方更容易地说出自己的目标是什么。当有人详细说明他不要什么的时候，我们要帮他描述他要什么（或者不得不要什么）。这时可能会产生一些不愉快的副作用，即他不再认真与我们进行对话，或者经常用"是的，但是……"来回应。

那么在学校里呢？哪位教师没有与学生进行过令人疲惫的对话？教师尽管知道某些努力是徒劳的，但还是要告诉学生以后不应该再做哪些事情（如"不要把作业写得乱七八糟！""不要写得那么不清楚！"）。教师濒临崩溃，而学生的情况几乎没有任何改善。人们通常只说出以后不应发生的事情，却没有说明应该发生什么，在这一点上人们的做法倒是很统一。你只说出了你不希望发生什么——这些事情都发生在过去——却没有说出你们双方未来追求的是什么，你们设定和想要实现的目标是什么。此外，对问题的否定隐含着强化问题的风险。"不要那么紧张"的要求会让学生将注意力集中在紧张上，反而强化了紧张的感觉（以肯定的语气表达的要求，如"放松一下

你的肩膀",对大多数人来说更有用,更有助于
人们找到达到目标的可行方法)。

教师通过以下方式可以避免让师生双方都不
满意的情况。

1. 发出**肯定性指令**,如:"以后解方程式的时候
请不要写得这么乱,每一步都要另起一行。这样
你能更快地捋清思路。而且你写整齐的话,我一
下就能认出你写的东西并且看明白你的答案!"

2. 要求学生用**肯定的方式**说出他的目标以及
他想做出的改变,并且在他尝试表达的时候给予
帮助。

最好的方法是使用"**而是**"。例如,当谈话
的主题是学生英语成绩非常糟糕时,谈话可以像
下面这样进行。

教师:"很遗憾,你的英语成绩不是最好的。"

学生:"是的,是的……我在英语学习上真的
不能再这么懒散了。"

教师:"你想以后在英语学习上不再这么懒

散，**而是**打算……？"（教师不是把话说完，而是饶有兴趣、充满疑惑而且友好地看着学生。）

学生："我只是希望自己在英语上不再这么懒怠和不专心，不要再有这样的态度。我一直觉得它无论如何都不是我喜欢的科目，而且觉得学英语没有意义。"

教师（试图更充分地理解学生想要做的事情）："嗯，你以后不想再有这样的态度，**而是**打算采取什么样的态度呢？还有，你以后想怎么做呢？"

学生："嗯，这不那么容易……也许要努力一下吧，虽然这不是我喜欢的科目……不管怎样都不要再这么懒散了……"

教师："所以你不再这么懒散了，**而是**……？"

学生（思考中）："嗯……是的，就是要想办法努力……不要再经常忘了背单词。"

教师："不要再经常忘了背单词，**而是**……？"

学生："我会先做英语作业。"

在这个例子中，学生在表达"在英语学习上不再懒散"时有些困难。对他来说，表达"不想

再怎样"确实更容易一些。在这种情况下，教师用"而是"来提问的话，就能在很大程度上帮助学生找到替代"懒散"的更好的表达——在这个例子中就是"先做英语作业"。

一节课结束时，假如一个"问题学生"很吃惊地大声说他今天完全没有感觉到无聊，教师可以思考一下再提问："那么，今天不是很无聊，**而是**怎么样呢？""嗯，真的很有趣。我听懂了一些东西。""这让我觉得很有意思。我注意到，你今天听讲的时候很认真，似乎也更容易理解老师在课堂上讲的内容了。这是为什么呢？"

这里，"**而是**"这个词语打开了对话的大门，解释了出现的例外情况，并且有助于将这种例外变成常态。

也许明天你在学校会有意识地更少批评学生，而是更多地、肯定地表达有意义的事情；更少地停留在描述错误的和你不希望发生的事情上，**而是**……

读完本章后，你可能注意到，你不再经常忽略对方为说出他的目标和积极的经验所做的努力，而是……

"好了，让我们继续讲我们的毕达哥……"

"好啊，咱们出发去希腊玩！太好了！"

"哦，我差点儿忘了，你们压根没兴趣！奥利，尤其是你，你最应该好好学习！因为你的数学只得了 6 分①！"

"我也没办法啊！"

"为什么？"

"我这是天生的！数字阅读障碍！"

"噢，天哪！还有其他人有这种障碍吗？你们究竟是怎么升到九年级的？不会是靠作弊吧？"

---

① 一般来说，德国学校是 6 分制，1 分最好，6 分最差。
——译者注

"那又怎样？"

"所以你们承认了？"

"布鲁姆老师，您在这里的时候我们可不敢啊！
您总是盯得很紧！"

"哦，好吧，我承认这一点！但是老实说，给你
们上课真不容易，天知道！好吧，你们之中有三四个
还行，剩下的就……一群又闹又懒的家伙……"

"对，对，现在又把我们分成三六九等了！难怪
米内特哭了！"

"但我说的都是事实！你们在这里虚度时光，你
们在学校里对什么都不感兴趣，除了在课堂上搞破
坏。这可不是老师想看到的！"

"那么，您希望您的学生怎么样？"

"嗯，有礼貌、勤奋、细心和友善，当然还要尊
重别人！"

"这些品质可能在您年轻的时候很酷，但是'现
在'已经不流行了。您说说，您以前就是这样的
人吗？"

"我？在我的印象里，我以前没有什么可让人指摘的。"

"不会吧，老师您难道一直都很乖巧？小时候的布鲁姆像个天使？"

"好吧，好吧，我承认，小时候的我有时可能也像个小无赖！"

"我的天啊，现在奥利也哭了！"

极小化极大策略 4

在描述问题时，"总是"这个词从来都不准确！

人们在描述他们的问题时喜欢使用"总是"这个词。例如，他们会说：

"我**总是**头痛！"

"我**总是**因粗心犯这么多错！"

"我**总是**被嘲笑！"

"我**总是**受到不公平对待！"

当你想表达某个问题给人的印象或者想对这个问题进行初步介绍，使用"总是"这样的词进行描述是有意义的。然而，这类词的缺点是使问题听起来很严重。

- 与那些间隔两到四周且幸运的情况下只在周末出现的持续一两天的头痛相比，"**总是**"出现的头痛被视为更严重的症状，也更难缓解。
- 比起在过去的三次英语考试中因为粗心而一次比一次考得差，"**总是**因粗心犯这么多错"更糟糕。
- 同样，比起在课堂上因为带德国黑森州口音的法语而被全班嘲笑，"**总是**被嘲笑"显然更可怕。
- 有那么一次因为口试表现尚可而觉得自己应该能得 2.5 分，老师却只给了 3 分。与之相比，"**总是**受到不公平对待"更糟糕。

因此，"**总是**"这个词让问题比实际情况听起来更糟糕，因为它笼统地表明问题在过去"**总是**"发生，但经过仔细思考，情况可能并非如此。此外，"**总是**"有问题意味着问题不仅在过去"**总是**"发生，而且现在也发生，并且将来也会"**总是**"发生。正因为如此，使用"**总是**"这个词暗

示了人们将未来的改进或解决方案拒之门外。对此，教师要格外小心，因为教师的任务就是帮助学生解决即将出现的问题。

因此，**与错误、弱点、困难和问题相关的"总是"一词会让情况更糟糕。**"总是"夸大了问题，也不必要地夸大了错误、弱点和困难。

由于一个糟糕的大问题比一个不那么糟糕的小问题解决起来更困难，因此，对教师来说，关键在于千方百计地减小问题出现的可能性。如果教师想把被夸大的问题还原到实际大小，并为之后解决问题找到思路，那么建议教师区别对待有**"总是"**一词的问题描述。例如，教师可以在深思熟虑后表达对学生的问题的理解并提问，将因为**"总是"**而被夸大的问题还原到实际大小。

"你**过去经常**因粗心犯错。在哪次考试中是这样的？你都写错了哪些题？在哪些考试中你能做得很好并且能集中注意力？"

在这里，"总是"一词被**"过去"**（参见极小化极大策略1）和**"经常"**取代，并且教师通过**对正面的例外情况进行询问**，进一步缩小了问题出现的范围。这使问题变得更小，因此也更容易解决。当然，不可或缺的是，教师要理解问题背后学生所承受的痛苦并且将这种感受传达给学生。此外，教师提出以下问题也很有意义，比如"问题在**过去什么时候**发生？"（参见极小化极大策略1）、"问题在**什么时候**发生得**较少或根本没有发生**？"和"你（学生）采取了什么**替代措施**？"（参见极小化极大策略3）。

　　学生："米勒先生，我总是因粗心犯这么多错，这让我很恼火……"

　　教师："是的，尤里斯，你在这次听写中的确经常不注意大小写，因此犯了很多不应该犯的错。实际上你是会写的。上次的听写就好得多，你注意了大小写。上次你是怎么做到的？"

　　然而，有时学生坚持认为他**"总是"**遇到问题，例如**"总是"**受到不公平对待、**"总是"**被大家嘲笑或**"总是"**犯很多错。那么，教师要先问

问学生，他是否觉得他的交谈对象没有认真地对待他，所以他要夸大问题。

当别人在对你的描述中使用"总是"这个词来概括你的某种不讨喜的性格或问题（如"你总是那么喜欢抱怨！"）时，理所当然的，你会反应激烈，对这类贬低性概括提出抗议。但是，当人们使用"总是"一词来描述**自己的**问题、错误、弱点或困难时，过去（参见极小化极大策略1）你并不会对这种说法给予特别的注意。将来，如果有人用"总是"这个词来负面地描述他自己以及他所谓的"总是"出现的错误、弱点或困难，你更有可能对他的说法产生善意的怀疑。

因此，若有人在描述与自己的错误、弱点或困难相关的问题时使用"总是"这个词，请你小心对待。**因为，在描述问题时，"总是"这个词从来都不准确！**不要让"总是"把问题变得更糟。请为将来的变化敞开大门。你可以通过提出以下问题来判断问题、错误、弱点或困难等什么时候出现，以及什么时候可以避免："你刚才告诉我的事情是什么时候发生的？什么时候不会发生呢？

没有发生的时候你做了什么不一样的事情？"

　　通过这种方式，你就有可能将问题还原到它实际的大小。同时，问一下对方，他以前采取了哪些正确的方法避免了问题（或错误、弱点、困难）的出现，以及他今后打算经常采取哪些措施来解决问题。

　　"毕达哥拉斯，他总是……顺便说一下，他总是……"

　　"布鲁姆老师！像这样的话怎么会从您的嘴里说出来！"

　　"怎么了？"

　　"数学和他的大便有关系吗？他的大便也是正方形的？"[①]

　　"天哪，你们真是太幼稚了！还是傻？我说的是

――――――――――

　　① 这里是在拿"顺便"中的"便"字调侃。――编者注

'顺便说一下'！它的意思是'另外提一句'！"

"是吗？所以呢？另外提一句什么？"

"我的上帝啊！"

"另外提一句'我的上帝'？"

"够了！好好说话，弗朗茨！好了，你们如果笑完了，我还有一件事要说：之前你们说我总是在批评你们。真的不是这样的！"

"您自己永远都不可能感觉到！"

"当然，我会时不时地批评你们，但只是在必要的时候。总是吗？不，没有总是批评！比如我现在是在批评吗？你们看，普赖尔博士也觉得'总是'是有问题的，因为它大多数时候都不准确。考虑到这一点，我们应该把它从我们的词汇中剔除。明白了吗？我希望每个人都遵守这个规定……后面的同学，你们总是在笑！"

"布鲁姆老师，您自己就没有遵守您刚才说的规定！"

"我吗？哦……在这种情况下是可以的。不过俗话说：QUOD LICET IOVI NON LICET BOVI！ [①]"

"这又是什么意思？"

"这句话吗？明年你们就知道了，这是拉丁文。"

"还有一个问题：如果人们不该使用'总是'这个词，那为什么会有这个词呢？"

"因为……有时……好吧，我觉得可以偶尔用用，只是别总是用这个词！"

① 拉丁谚语，意为"丘比特可以，但公牛不行"，同"只许州官放火，不许百姓点灯"意思相近。——译者注

用"你的问题类似于……"激发学生的积极性

有些人会使用非常形象的语言。例如，一位跨国制药公司的高级经理在培训中愤怒地表示他70%以上的工作是"除草"①。我给他做了这样一个类比："您要花费这么多宝贵的时间来除草，真是让人烦躁。您是一位景观设计师啊，应该从事设计和方案制订的工作。"起初他同意我的看法，但是后来又有些顾虑："不过，总是坐在办公桌前设计那些大方案也挺单调的……确实也需要除除草……"对此，我正话反说，给他提了一个"否

---

① 比喻处理烦琐的事务性工作。——译者注

定性建议"（参见极小化极大策略 13）："可是，除草的话您就不能思考那些大方案了，也不能有进一步发展……"他回答道："为什么不能？虽然不能一直设计方案，但我可以做一点点……"然后，我们研究了如何一边"除草"一边思考那些大方案。在下一次谈话中，这位经理告诉我，他在"除草"时总是高兴地思考他的计划和方案以及怎样改进它们。他说他现在不再抱怨这项"辅助性园艺工作"了，已经与这项工作和解，甚至可以看到它好的一面。

这位"除草"经理的例子表明：人们在对话中采用类比和描述画面的方法，并将后续发展表述出来，有助于"创造"出不同于现实的故事。如果对方在描述问题时没有使用类比的方法，那么你作为谈话的一方可以进行类比，因为这种方法通常可以引出潜在的解决方案或让对方想出解决方案。因此，强烈建议在对话中采用描述画面、隐喻、明喻和类比等方法，并且用这样的句子开始对话：**"你的问题（或"你的情况"）类似于……就像是……"**

如果人们能成功地将出现的问题与一个人的实力和资源关联起来，**那么用类比的方法能引出的潜在的解决方案就会成倍增加**。下面有三个故事，故事里的主人公都成功地做到了这一点。

德国柏林著名的医生**鲁道夫·菲尔绍**（Rudolf Virchow，1821—1902）不仅凭借其在病理学和解剖学领域的研究为医学进步做出了杰出贡献，还在政治上功勋卓著。柏林人非常感激他，因为他建造了很多医院。此外，柏林 19 世纪下半叶拥有运转良好的排水系统也是他的功劳。这些设施帮助柏林人防治了霍乱。而在此之前，在霍乱流行期间总有数万人死亡。鲁道夫·菲尔绍经常被问到，作为一名医生，他如何成功地推行意义如此深远的改进措施。绝大多数时候，他的回答都将政治与他作为医生所知道的关于人体的知识进行了类比："政治不过是一剂大剂量的良药。"他认为，政治层面有不同的机构，就像人体组织由单细胞构成一样，这些机构也是由单个的人组成的。无论是细胞与组织之间还是个人与机构之间都存在特定的联系。人们只要将关于人体的医学知识套用到政治上，便可以选择正确的预防和治疗方法了。

国际象棋特级大师**扬·瓦尔斯**（Jan Wahls）来自德国汉堡，年轻时他曾与当时实力最强的国际象棋计算机“沉思”（Deep Thought）对弈。当他们的第一场公开比赛被敲定时，扬·瓦尔斯的感觉不太好。对于计算机每秒计算 1000 万步的能力，他心生敬畏。因此，扬·瓦尔斯起初远未达到与 IBM 研究中心的这个计算巨头对决的最佳状态。之后的解决方案来自扬·瓦尔斯的女朋友。她知道扬·瓦尔斯几乎从未输给女性，而且在与女性的比赛中总是表现得很好，所以她建议扬·瓦尔斯将计算机“沉思”想象成一个女人。最终，计算机在走了 28 步之后认输，扬·瓦尔斯赢得了比赛。

20 世纪 90 年代初期，绿色和平组织的活动家**莫妮卡·格里法恩**（Monika Griefahn）成为德国下萨克森州的环境部部长。当时，许多人都想知道她将如何从一位绿色和平组织活动家成功转变为环境部部长，毕竟担任环境部部长与开展绿色和平运动是完全不同的。然而，莫妮卡·格里法恩有不同的看法。她认为：“身为环境部部长，

我做的事情实际上与在绿色和平组织的工作是一样的。我同样会参与宣传活动、在委员会工作、试图说服及激励人们、投身于保护环境的工作。"

这三个例子都建立在什么样的思路之上？

·**鲁道夫·菲尔绍的问题**是柏林需要新的、功能强大的排水系统，以便降低流行性疾病传播的风险。

他的优势在于他是一位出色的医生。

他的解决方案是将他的政治工作与他的医生工作进行类比，并注意它们的相似之处。

·**扬·瓦尔斯的问题**是他必须与他认为实力非常强的计算机对弈。

他的优势是在与女棋手的比赛中他总是表现出色、占优势。

他的解决方案是将计算机视为一名**女**棋手。

·**莫妮卡·格里法恩的问题**是她突然成为环境部部长。

她的优势是参与过绿色和平组织的工作。

她的解决方案是将她的新工作与绿色和平组织的工作进行类比，寻找相似之处，并将她在绿色和平组织积累的工作经验用到政府工作中。

这三个成功案例的思路是：**将你的问题与你的一大优势进行类比并关注相似之处**！

这个策略帮助了一位极有天赋的职业音乐家，让他有了全新的视角和方法。在单身多年后，他希望找一位能与他和谐相处的妻子。我曾和他一起思考这样一个问题：深入了解一位女性可以在多大程度上与他熟悉一段新的乐章进行类比。有些人一开始就会喜欢上另一个人，但感情很快就趋于平淡；有些人只有在相处较长时间后才会发展出较深的感情；还有些人虽然有喜欢的人，但彼此不适合。有些音乐作品，你必须练习很长时间才能渐渐熟悉它；有些音乐作品就像是为你写的那样适合你；有些音乐作品需要你为它付出很多精力，以至于让你产生不值得的感觉，尤其是当你并不太喜欢它的时候。此外，还有些音乐作品，你在演奏它的时候总是会卡在某个地方，需要付出很大努力才能顺利演奏下去。从演

奏中我们还知道，好心情也是取得成功必不可少的要素。有时候情绪不对，演奏一开始就会走调。

我承认，我还用这个策略，以一种会引起争议的方式成功帮助了一位有类似问题的计算机专业人士。他的问题是在与女性打交道的时候胆小、慌乱并且迟钝。相反，在与计算机打交道时，由于经过了长时间的训练，他显得无比自信。虽然我清楚地知道，我肯定会被那些性别平权人士批评，但我还是大胆地提出了这样一个看似荒谬的论点，即女人就像计算机一样。通过热烈的、对外人来说显然极其怪异的讨论，这位计算机专家认识到，与女性打交道也是可以熟能生巧的；不要通过女性的外表对她的内在做出判断；与女性相处时，"输入"很关键，而且要用正确的语言正确"输入"。由此，他逐渐减少了对女性的不正确认识：过去他认为女性是可怕的生物，与她们相处时做什么都是错的，并且他怎么都无法学会理解她们。同时，在与我谈论这个问题时，他的紧张情绪也消失了。我们最后甚至可以谈论关于这个话题的流行的笑话了。[①]

优秀的教师会关注学生在学习方面的优点并且去了解他们在学习之外的优点。例如，你知道哪个学生是充满激情且十分优秀的国际象棋棋手，哪个学生是一级方程式赛车的忠实粉丝，哪个学生课外喜欢踢足球。想让学生表现得更加出色的教师，会：

- 使用形象的语言并运用很多类比；
- 通过类比认识到这个学生的优点和问题之

① 德国人从英语词"the computer"中无法判断计算机是男性还是女性，但在认定计算机的"性别"时有各式各样的理由。

认为计算机是男性的理由有：

1. 为了获得他的关注，你得跟他调情。

2. 他拥有大量信息，自己却没有主意。

3. 他原本应该要解决你的问题，但一半的时间里他自己就是个问题。

4. 你选择了一台计算机之后就会明白，再等等的话你可能会得到一台更好的计算机。

认为计算机是女性的理由有：

1. 除了亲爱的上帝，没有人了解她的内在逻辑。

2. 她与其他计算机沟通时的语言没有人能懂。

3. 她的长期记忆里储存着你那些微不足道的错误，未来她都能如数家珍。

4. 你只要选择了一台计算机，就意味着将来要为她的配件一次又一次掏钱。

间的共同点；

· 关注优点和问题之间的共同点，并将优点用于处理问题，然后放大优点。

简而言之，教师可以经常使用以下的句子：

"写文章就像……"

"背单词就像……"

"数学作业就像……"

教师可以这样表述："你在学校的问题就像你在……方面的优点。"

这里有几个例子。

写作上的问题

"在这篇文章中，你提出了很多好想法，而且有些地方分析得很清楚。但是，在结构和段落划分上我没能完全理解你的思路。你的思路有点儿跳跃，似乎是你想到了什么就写了下来。而且其中有很多因粗心造成的错误，让我无法忽视。因此，很遗憾，我不能给你一个比较理想的分数。"

与下棋方面的优点进行类比

"我认为你写的这篇文章远没有达到你的实际写作水平，因为你过去（参见极小化极大策略 1）没有充分考虑到写作其实和下棋一样。在下国际象棋时，你可能可以轻松战胜那些走一步想一步而且很粗心的对手。你越有远见，越能集中注意力关注眼前的细节，就越有可能战胜更厉害的对手。如果你写作时的态度类似于下国际象棋时求胜的态度，那么你自然会更多地考虑文章的结构，还会在一些细节上更仔细、更专注。这样写出的文章肯定很出色！"

与熟悉一级方程式赛车知识的优点进行类比

"写作在很多方面都与一级方程式赛车手在比赛前和比赛中所做的事情相似：首先赛车手要仔细分析比赛路线和要求，然后制订有助于获胜的策略。明确了策略后，他在比赛中基本就会按照策略行事，同时还会高度专注和谨慎地对待所有的细节，而正是这些细节决定了他能否成为一名优秀的赛车手。"

与踢足球方面的优点进行类比

"写作和踢足球的确是两件非常不同的事，但它们还是有一些共同点，只不过过去你不太清楚它们在哪些地方相似。例如，一支优秀的球队在为下一场比赛做准备的时候会认真地分析对手并制订一个有助于获胜的比赛方案。如果每名球员和整支球队都可靠，他们就会一直执行这个方案，而非简单地想怎么踢就怎么踢。如果球员们还集中注意力为每个球而战，注意每个小动作，提供精确的助攻和准确的传球，那么他们就能战胜任何一支这样的球队：球员没有受过什么训练，在没有比赛方案的情况下随意踢球，而且经常传球不准或因为粗心大意而造成不必要的丢球。"

英语词汇量不足的问题

与踢足球方面的优点进行类比

"你知道的，为了表现出色，那些足球明星要付出努力、辛苦训练。学习英语就像踢足球一样：训练得越多，学得就越好。对一名优秀的足球运动员来说，接球、传球和体能是最基本的能力，没有这些能力就踢不好球。在英语学习中，掌握充足的词汇同样如此。此外，一名优秀的足球运动员自然必须懂规则并且要练习跑位。可以这么说，规则就是足球运动中的'语法'。如果有人将跑位动作练得就像他天生就会的动作一样，那么即使在巨大的压力下，他也能做出这些动作。你也可以像这样练习英语的固定搭配，重复很长时间，直到你在睡梦中都能使用它们。这就如同进行足球训练一样，练习有时很难，而且并不总是很有趣，但足球运动员会不断激励自己努力练习，因为他们认为这样会让自己越来越出色，会让自己的球队在积分榜上排名越来越靠前，甚至排名第一。"

与化妆方面的优点进行类比

"你小时候听到'眼线''眼影''睫毛膏''指甲油''法式美甲''腮红'等词语时，你可能会像其他人一样困惑。而现在，当你向朋友解释如何为她化精致的派对妆时，你仿佛在用一些人听不懂的语言侃侃而谈。你把派对妆化得这么好，是因为你有丰富的实践经验。以前（参见

极小化极大策略1），你可能只掌握了极少量的英语词汇，就好像你从来没有接触过眼线笔、睫毛膏等化妆品，却要在毫无经验的情况下完成精致的派对妆。你当然只能化出老气又艳俗的妆容，就像旧时代舞厅流行的妆容一样。化妆需要练习，就像词汇需要积累一样。或许你可以在家用眉笔在单词本上个性化地突出每个单词的字母，这样词汇学习就会变得很有趣。通过这种方式，你使每个单词都有了属于自己的美丽'妆容'，不再全部是灰色的，这样你就很容易记住它们了。"

通常，你不需要自己去寻找类比的对象，然后描述画面。在以后的谈话中，你可能会更加频繁地注意到很多学生在说话时运用了生动的类比。**类比就像种子，从中会生发出解决方案。**如果你对这些画面进行润色，那么你就同时带给了它们生命，并赋予了它们力量。类比可以引导出俏皮的想象和创新的活力，有时还可以产生幽默感。类比有助于放大优点。每次你在关于问题的对话中进行类比，你都在提供一颗寻找解决方案的种子。对问题的描述往往像迷宫或牢笼，而类比可以是一把打开迷宫或牢笼的钥匙，用它可以打开通往解决方案的大门："**你的问题类似于……就像是……**"

"正如普赖尔博士在这里所说的，在一些会引发问题的事情中，蕴含着一些好的幼芽。作为你们的老师，我觉得我有责任在你们身上寻找和培育这样的幼芽，以后它可能会长成一株让我们欣喜的植物。"

"天哪，布鲁姆老师，您说得真好！像诗人一样！"

"好吧，我必须承认你们也并非一无是处。"

"什么？"

"比如史黛菲吧，虽然你在课堂上做了几个小时的梦，但我很清楚你的小提琴拉得很好。"

"哦，那个拉小提琴的，她头脑不正常！"

"奥利，我宁愿没听见……"

"当然，当然！每当我做梦的时候就是我走神了！"

"快看，奥利生气了！你有很多让我烦恼的问题，比如你的懒惰和你的大……"

"什么？我懒惰？您根本不知道我还做了什么！"

"是的，是的，你就会嘴上说说。"

"噢，不！谁一直在这里说一套做一套？"

"现在你又在这里胡说！恐怕你的下一张成绩单会更糟糕！不知道你将来会变成什么样子！"

"我知道！我以后要从政。"

"啊？好吧！蒂姆和马克斯，快回座位！"

不要说让人焦虑的话，而要说让人产生信心的话

通常，不良情绪的产生始于让人焦虑的表达："希望不是糟糕的事情。"

- "**希望**我**不会**又因为作文被嘲笑。"
- "**希望**我**不会**再考一个那么糟糕的分数。"
- "**希望**我在朗读课文时**不会**一开始就口吃。"
- "**希望**我在下一个关键时刻**不会**又想着'无论如何我都做不到！'。"
- "**希望**今天的课堂**不会**像以前那么吵。"

人们在产生不良情绪时，心里想着或者说出

"**希望不是糟糕的事情**"是非常普遍的。我们如果仔细研究人们对担忧的事情的"归纳"，就会发现每个忧心忡忡的人都会说出这句话。

而说这句话时的语气还会加强这种担忧的效果：你在说"**希望不是糟糕的事情**"时语气越焦虑、越无助、越痛苦、越绝望，你的焦虑感和绝望感就会越强烈；你流露出这样的情绪时，认为一切希望都是徒劳的，并且心里明白（即使你并不会真的承认这一点），无论多么热切地希望也不能阻止不幸的发生。然而，你如果在说"**希望不是糟糕的事情**"时暗自耸耸肩，并且准备接受你认为注定会出现的打击，那么不受欢迎且让人焦虑的结果似乎也还不错。

如果一个人喜欢说"希望不是糟糕的事情"，你可以怎么做？ 你可以让他**用积极的语言描述**他希望如何行动、思考、感受和看待事物。

于是对方就产生了"**希望是好事**"这一预言和想法，也就是更加积极向上的希望，从而产生面对挑战并能有所作为的自信。这样的句子以充满信心的词语开头，如"希望……""绝对会……""肯定会……""可能……"等。

·"**希望**今天的课堂更安静，更利于交流。我**希望**他们更快安静下来，以便和他们交流得更加顺畅。"

·"**希望**今天朗读课文的时候口吃的情况少一些，并且希望我的作文很有趣，这样大家会时不时地开怀大笑。"

·"**希望**这次我能取得好成绩。"

·"在下一个关键时刻我**可能**会想'你能做到！'，因为我已经下定决心，并且做好了准备。"

一位敬业的教师在学生说出"**希望不是糟糕的事情**"这句话时总会将这句话换个方式表达。但是，通常情况下，教师鼓励学生积极地表达自己的愿望会更好，理想的情况是教师使用极小化极大策略 3，充满期待、兴致勃勃地问出"**而是……？**"。例如，有些教师会善解人意地说"**希望你下次做作业或考试的时候不要**再想着'无论如何我都做不到'，**而是……（你会想到哪些好的方面？）**"。这种充满期待的提问对于教师的表达非常有帮助，它通常是让学生表达出积极愿望的名副其实的"助产士"。如果教师还能向学生

提出一些**具有建设性的特殊疑问句**（参见极小化极大策略8、9），请学生**说明他希望以哪种态度和语气来思考和表达积极的想法**，那么在这种情况下，教师就利用了态度和语气的强化作用，激励寻求建议的学生产生自己希望拥有的想法和态度。这种追问可能会让一直不自信的学生这样说："下次我希望像现在这样平静而自信地对自己说'相信你能再成功一次，不管怎样你都能做到'，同时我还想保持正直、强壮和活跃，就像我现在这样。"

这种情况下的交谈自然也是一种内心独白和思考。在"**希望不是糟糕的事情**"后面可以更频繁地添加"**而是……?**"，这样人们就会更多地产生积极的愿望，并且之后可以将"**希望是好事**"替换为"**肯定是好事**"。

希望这本关于极小化极大策略的书**没有**从你身边溜走，**而是**让你对"**希望不是糟糕的事情**"这个有问题的表述变得敏感。**希望**"**希望是好事**"深入你的内心。现在你**肯定**更加着迷，更加专注，从而更能发现本书蕴含的机会。你**肯定**也会在以后的谈话中注意用神奇的"**而是……？**"提问并验证它对于让人自信地表达美好愿望是多么有用。你**可能**注意到了这些表达方法，并且会更加频繁而自然地使用它们。当然，你的办公桌上**应该**有这本书的一席之地，这样你就能在听到让人焦虑的"**希望不是糟糕的事情**"后想起来用饶有兴致的"**而是……？**"将对方引向令人振奋的"**希望是好事**"。多么美好！

"是的，是的，你们脑子里都是荒唐可笑的想法，不过最迟到十年级你们这些荒唐的想法就会消失。"

"蒂姆在学校外面也很荒唐。您的课已经对他起了一些作用，虽然现在他仍然会把事情搞得一团糟……"

"真服了你们了！"

"是真的！他总是不撞南墙不回头！啊！勒死我了！"

"蒂姆，快松开他的脖子！你说说，你对未来到底有什么想象？"

"我？好吧，我很清楚，我想赚很多钱，过上美好的生活！我肯定会出人头地的，不像在学校里这样！"

"确实！在学校里你还算不上是最厉害的，只是个'小角色'！"

"没什么奇怪的，您总是这么贬低他！"

"总是吗？"

"是的！您似乎真的不希望他今年升到十年级。您不会如愿的！"

"哦，像蒂姆这样的人，他肯定能找到属于自己的办法。"

"而且，他还有其他您不了解的优点！"

"反正我在学校里没看见。而且如果他真的有一些优点，那我绝对会成为他最坚定的支持者！如果说有人不支持他，那个人绝对不是我！好了，现在辩论结束，我们已经浪费了太多时间，而且课程计划上还有其他事情，那就是毕达……"

"布鲁姆老师，刚刚打下课铃了！"

"什么？我觉得你们在撒谎！"

"可能您的听力已经不太好了！"

"不！等一下，站住！这节课还没有结束！哎，好吧，下课吧，休息几分钟……呼吸一下新鲜空气也不错。"

用"还没有"暗示学生问题能够解决

假设你的工作让你时不时地承受压力，也许你会用这样一句话来表达："我总是觉得我的工作很困难。"一个能够感同身受的谈话对象为了表示他理解你的状况，可能做出这样的反应："你总是觉得你的工作很困难，我充分理解你，你一直做着辛苦的工作……"你可能会感到欣慰，因为终于有人理解你了。然而，你们关注的焦点仍然是你依旧沉重的工作压力。如果谈话对象在表达了"我充分理解你，你经常（参见极小化极大策略4）做辛苦的工作……"后，继续说"更难的是让这样的辛苦工作变得轻松一点儿"，你会感觉如何？在听到这样感同身受的评论之后，你们关注的焦点就变成**"让辛苦的工作变得轻松"**是否可行以及会遇到的困难。

一个学生抱怨道："写作业实在太难了，尽管我每天都坐在那儿好几个小时，可学习还是没有起色。"

教师："嗯，我可以想象，你如果**还没有找到好方法**让你更轻松地完成作业，并且在较短时间内集中注意力，那么要想在学习上有起色确实不容易。"

学生："是的，我每天晚上都学单词到很晚才睡，可是在运用单词的时候我还是不行。"

教师："嗯，如果你**还没有找到好方法**来学习单词，以便在需要的时候信手拈来，那真是太糟糕了。"

这些表达会将学生的注意力吸引到将来如何找到更好的学习方法上去（当然，教师可以为学生提供其他的帮助，例如告知学生有关学习辅助工具和学习方法的信息，它们可以帮助学生减少

做作业的时间、提高效率）。

有些学生非常害怕考试。随着考试临近，他们会更忙碌、更紧张、更不安、学习能力变得更差。"考试时我总是很不安，以至于我几乎无法思考。"当教师明白过去学生经常因为考试而感到困扰（参见极小化极大策略4），他可以这样说："也就是说，你**还没有找到很好的方法**来备考，并且让自己在考试中保持冷静和思考能力。"

就像前面所说的，在下面的例子中，前后的表达似乎相差无几，但有时确实会在效果上产生巨大的差异。

- "考试不及格"与"**还没有充分培养**在考试中调取知识储备的能力"；
- "很容易心不在焉"与"注意力**还不够**集中"；
- "糟糕透顶的潦草字迹"与"字写得**还不够**清晰和工整"；
- "懒惰"与"**还没有找到方法**来积极参与"；
- "来得太晚"与"**极少准时**从家里出发"；
- "健忘"与"**还没有找到**好的记忆方法"；

·"脏"与"**还没有打扫**";

·"无序""混乱"与"**还没有清理收拾，还没有按顺序摆放**";

·"他们总吵架"与"有些事情他们**还不能解释得让人信服**""他们**还没有找到方法**来有建设性地、客观地谈论某些棘手的问题";

·"我的工作总是堆积如山"与"我**还没有时间或精力**完成这些工作""我**还没有找到**精减这些工作的方法"。

你可以不说"生物课资料夹里的内容乱七八糟，整理得太马虎了"，而说"学习材料**还没有装订和正确归档**"。

学生和教师的谈话中经常会出现问题、弱点、"不良品质"或具有破坏性的行为方式。用"**还没有**"可以将谈话者的注意力引向可能性、机会和未来的改进方法上。

·"问题"是"**还没有找到的解决方案**";

·"障碍"是"**还没有克服的困难，还没有找到的方法或策略**";

·"弱点"是"**还没有形成的强项**";

·"困难"是"练习还太少""例行训练还太少""懂的还太少"的结果；

·"没能力"是"目前还没有获得某种能力"；

·"不良品质"是"还没有改正的缺点以及还没有转变成好习惯的品质"；

·"错误"是一种反映，比如是对某人**还没有足够理解或学会**某件事的反映，或者是对他**还没有找到最佳学习方法**的反映；

·"无知"是"**还没有学习**某些知识"。

从这些示例中可以看出，某人是存在问题，还是"**还没有找到好的解决方案**"，这两者之间存在微小却重要的差异。通过使用"过去"这样表示时间的词（参见极小化极大策略1），教师可以用"**还没有……**"来强化面向更美好未来的希望。

不过，在使用这样的表达方式时请注意——教师不应该让学生产生你不理解或不接受他有困难的感受。在使用"**还没有……**"的时候，教师要让学生将它理解为一种具有鼓励性的要求，让他将目标放在寻找解决方案的可能性和机会上。

如果教师过多强调解决问题的潜力和可利用的资源，那么在学生听来，可能像是在强调他能力不足，这样一来他反而**还不能**接受你如此高频率地使用这样的表达方式。

哦，是的，安静的时光多么美好！有时我几乎心灰意冷。回想过去，我真是无法想象我那时候也如此令人讨厌，如此粗俗！我的老师那时候真的没有我现在这么辛苦……也许这一章会介绍更多的方法，但首先我要来一杯咖啡！

看看，这说的是什么？"还没有……"还没有？普赖尔博士想说什么？无知是"还没有学习某些知识"吗？他是认真的吗？……哦，我饿了，我今天还什么都没吃……还什么都没吃？还什么都没学？……还没有？……还没有！……是的，可以用这个例子来说明！只是我不太确定我的学生是否对知识也感到饥饿。顺便说一下，这一章里有句话与我根本不相干！那就是"懂的还太少"。原谅我，普赖尔博士，我懂的可一点儿也不少，可以说我是"行走的百科全书"！

极小化极大策略 8

使用具有建设性的特殊疑问句

提问是教师最重要的沟通"工具"之一。提问不只是一种收集信息的方式（比如我们会通过询问获得知识或认知），巧妙地提出问题还能将学生的注意力引到教师期望的方向。要推动师生共同寻找解决方案和改进机会，最简单的方法就是提问。在正确的地点提出正确的问题是对学生的学习和思考强有力的鼓励和支持。苏格拉底早就通过提问给他的学生传授知识了。

问题的形式会对以下方面产生决定性影响：

· 学生思考得多还是少；

· 问题引起关注的程度；

· 学生回答得十分轻松还是过于困难。

在接下来的对话中，教师提出了一些**一般疑问句**，即可以用"是""不是"或"能""不能"等表示肯定或否定的词回答的问题。

教师："你能告诉我你迟到的原因吗？上课 15 分钟后你才突然闯进教室……"

学生："我也不知道……"

教师："嘿，你肯定是有原因的！"

学生："哎呀，我早上总是很困，而且……而且我的血压很低……"

教师："那你前段时间准时到校过吗？请说实话。"

学生："其实也没有……"

教师："那你能告诉我你无法按时起床的原因吗？"

学生："我已经告诉您了，我早上总是很困，所以我听不到闹钟声，等我妈叫醒我的时候已经太晚了……"

教师："有办法改吗？"

学生："我一下子想不出来。真的，我真的总是很困……"

教师："你不能把闹钟放在柜子上吗？或者（这里会提出其他一些建议）……这样你就能准时来上学了。你看怎么样？"

学生："所有这些我都试过了。不过我可以再试一次……"

教师："有办法做到早上准时到校吗？"

学生："我想不到别的办法了！"

教师："你能不能试试下定决心……？"

学生："不知道我怎么就是做不到。我试过所有的办法了。我就是一个不守时的人。"

在上面的对话中，学生对于教师提出的所有问题都是先给予否定的回答，而且并没有多加思考。最后，学生表示自己"就是一个不守时的人"。他要表达的意思其实是，不守时是他的品质的一部分，不会轻易改变。学生这种认为自己"就是一个不守时的人"的论断，事实上恰恰是教师不想让他固化的一种观念，而教师想要改变和消除这种观念。在学生得出自己是一个"不守时的人"的结论之后，他变得守时的可能性就不大了。仔细思考后就能发现，教师提出那些问题

本来是善意的，但是在对话的过程中，学生由于一直做出否定的回答，便会产生"我就是一个不守时的人"的"论断"。尽管教师提问是为了帮助学生认识到他并非不守时的人，是可以做到按时到校的，并最终让学生找到改进的方法，但是这种提问方式却让学生从可以称为教育专家的教师那里"证实"了自己就是一个"不守时的人"。这种因为回答教师的问题而产生的"论断"通常会将问题严重夸大。

对学生的性格、自我认知以及身份认同抱有善意和接纳态度的教师希望将问题控制在小范围内，以便更容易解决它。教师需要形成一种认识：学生的自我认知以及他的性格其实是正常的，没有被改变的必要，但是学生有必要在一些基本的事情（如守时等）上做出改进。因为与"完全变成另一个人"相比，减少迟到的次数、增加准时到校的次数更容易一些。

回答一般疑问句，比如回答"你有解决问题的办法吗？"的时候，答案要么是"有"，要么是"没有"。通常情况下，当学生肯定地回答时，谈话比较容易推进。而当学生给出否定的回答时，对教师来说这就相当棘手了。因此，在提出这样一个一般疑问句后，教师要么很快达到目的，要么一败涂地。这就是为什么这些一般疑问句在非正式场合也被称为"赌徒疑问句"。这一点尤其有必要告诉那些非常有经验的教师，因为经过多年的工作，他们对于提问已经驾轻就熟了。因此，他们在与学生的交流中更愿意提出这些针对解决方案的一般疑问句。但是，就像抽奖一样，他们可能成功，也可能失败。

如果教师在上面的对话中提出的是**具有建设性的特殊疑问句**，而不是一般疑问句，那么他可能会得到一个完全不同的结果。

教师："我发现，**过去你经常**（参见极小化极大策略 1 和极小化极大策略 4）迟到。我记得不太清楚了，但肯定有那么几天你准时来了。你还记得**哪些**天你是准时到校的吗？"

学生："是的，在班级活动期间我每天早上都能准时到。我甚至还坐了一趟更早的公交车。还有……嗯……周二我们前两节课是体育课，实际上我上体育课从来没有迟到过，否则我会被分进

比较弱的队，我可不想那样。"

教师："你是**怎么**做到赶上更早的公交车的？
又是怎么做到周二准时出门，以便进入厉害的那
一队的？"

学生："嗯，我是怎么做到的？头天晚上我把
闹钟放在柜子上并且告诉我妈妈，无论如何都要
叫醒我，因为第二天的事情非常非常重要。"

教师："如果你早上要准时来上第一节语文
课，你会**怎么**放置闹钟，**怎么**跟妈妈说呢？我也
不想因为你迟到而让我们班变成一支'比较弱的
语文小队'。因为如果你起晚了，从家里出发也
晚，就会导致你总是缺席语文课前一刻钟的'训
练'，长此以往，我们班难免成为"比较弱的语
文小队"。你**怎么**做才能准时来上早上的第一节语
文课呢？"

学生（若有所思）："嗯……"

这里，通过回答具有建设性的特殊疑问句，
学生一直被激励着思考有哪些改进方法。需要注
意的是，在学生思考的时候，教师不要打扰，而
要耐心等待。这种形式的问题在很大程度上避免

了学生为谨慎起见不假思索地先说"不"，以及将问题夸大，从而导致情况更难处理。

你如果很想询问学生（关于他的强项、想法、解决方案、改进方法、做得好的个别情况等），并且期待得到内容丰富、明确的答案，那么你应该暗示学生过去有好几次他确实表现得很好。这类问题最好使用"**什么**""**什么时候**""**哪些**""**谁**""**如何**""**怎么**""**因为什么**"等表疑问的词语。

·"你要**如何**做才能让你在小组学习中充分运用知识、发挥能力，从而让你们小组更好地完成任务？"

·"**目前你找到了什么**线索来帮你进一步回答有关中世纪城市公民权的问题？"

·"自从老师上次找你谈话，**你注意到**自己发生了**哪些**变化或者可能取得了**哪些**进步？"

·"你的**哪些**能力有助于你申请……？"

·"你很有毅力，总是能设法做成一切你想做的事情。那么，你如果想在体育课上取得好成绩，你会**如何**运用你的毅力以及你志在必得的决

心呢？"

·"你过去熟悉的**哪些**解题思路可以帮助你解决这个数学问题？"

·"你想**如何**更准确地描述和比较这本书中的人物呢？"

·"你**怎么**才能更清楚地记住法语过去式里的助动词的使用方法？"

·"你会采用**哪些**符号来标记重点，以便在审题的时候更加明确题目要求呢？"[①]

仅仅通过这些**特殊疑问句**，提问者就可以清楚地表达这些信息：他想了解得更准确、他很感兴趣以及问题的答案对他而言很重要。**具有建设性的特殊疑问句有创造性和实用意义，有助于引导出师生都想要的解决方案。**

·你认为具有建设性的特殊疑问句的**哪些**方

---

① 在对话中我极少使用疑问词"为什么"，因为它太容易让人们从中听到隐藏的指责的意味。我可能会先问："这个问题不断出现，你怎么解释呢？"我也很喜欢这样提问："问题是如何产生的？"我还经常这么问："这个问题指向了哪些好的方面？"

面很重要?

· 具有建设性的特殊疑问句的**哪些**优点尤其能给你启发?

· 过去你使用具有建设性的特殊疑问句的频率**如何**?

· 你**如何**才能敏感地区分一般疑问句和具有建设性的特殊疑问句?

· 假设你在课堂上意识到,你刚刚提的那个问题最好采用具有建设性的特殊疑问句的形式,随后你改变了提问方式,以特殊疑问句的形式再次向学生提出问题,这会有**哪些**好处?

· 你**如何**做到经常向学生提出具有建设性的特殊疑问句?

啊,亲爱的读者,您还在这儿!这当然让我感到高兴。但是,假如您后悔来旁听的话,我也不怪您。您也看到了,今天的课堂实在是太吵了。不过谢天谢

地，您刚才经历的这些并非总是发生。您知道的，学生们在周一都比较难对付，他们既不想学习，对别人的态度也不太友好。昨天我睡得很晚，因为我妻子……算了，这是私事，扯远了。我只是又多读了一会儿这本书。在讲极小化极大策略8的时候，普赖尔博士提出要用"什么""什么时候""哪些""谁""如何""怎么""因为什么"来提问。他把含有这些词语的疑问句称为"具有建设性的特殊疑问句"。但是我认为他在这里说得不全面。还有一些关于地球上的"存在"的重大问题——我们来自哪里？我们是谁？我们最终会去哪里？我每天都在问自己生命的意义是什么。你们不问吗？可惜普赖尔博士没有提及这些问题。同时，我认为哲学对九年级学生来说有些超纲了。也许我会在下节课简短地讨论这个话题，然后我会看看是否……哦，打铃了！课间结束，第二节课开始了！

极小化极大策略 9

问学生的问题要具体!

在上一章中，我们区别了**一般疑问句**和**具有建设性的特殊疑问句**。一般疑问句是人们用"是"或"不是"回答的问题。**具有建设性的特殊疑问句**以**特殊疑问词**提问，能极好地激励学生思考具有建设性的解决方案。

当学生抱怨："我为这次考试付出了这么多，现在还是出了问题! 我总是、总是考砸!"那么作为一名教师，你可以尽心尽力地提出经过深思熟虑的一般疑问句，找到学生抱怨自己表现不佳的原因。然而，在大多数情况下，通过一般疑问句获得的信息不会有太大的用处。

学生："我为这次考试付出了这么多，现在还是出了问题！我总是、总是考砸……"

教师："嗯，你能解释一下你为什么考砸了吗？"

学生："嗯，实际上我也说不好……我看懂了复习材料，考试之前一小时我还能对这些内容说出一些观点。"

教师："可能是你准备得不够充分？"

学生："不，也不能这么说……我之前已经读了很多遍课文，而且理解了。"

教师："你也仔细研究了之前的作业题并且理解了吗？"

学生："是的，没错！我花了十分钟的时间就只研究了这一道题。"

教师："是不是有其他事情让你分心了？"

学生："没有，我为什么要……算了，到头来还是没人帮得了我。"

这种对话很难达到预期的目的。相反，其结果是让学生愈发感到茫然、无助和绝望。开放的具有建设性的特殊疑问句通常能更容易、更有效

地鼓励学生思考并让教师获得信息："*你觉得尽管
自己已经学了很多而且学得很透彻，但还是考砸
了。这两者有什么关联呢？*"通常，学生在回答
这个问题时会比在上面对话中回答所有一般疑问
句时思考得更多。教师先形成了对学生问题的假
设性判断，然后努力且尽职尽责地提出了一些一
般疑问句，并通过学生的回答来验证那些判断。
而教师在提出具有建设性的特殊疑问句时，并不
是教师提出假设，而是参与对话的学生被激励着
寻找可能会造成这个问题的原因。

**开放的具有建设性的特殊疑问句也非常利于
学生思考出解决问题的方案**，关键在于教师提出
以解决方案为导向的特殊疑问句时，所问的解决
方案要**尽可能地具体**。假如教师提出的特殊疑问
句问的是宏大而抽象的解决方案时，尽管对话是
以解决方案为导向的，但对话的进程不会顺利。
这一点在以下的例子中体现得很清楚。

学生："当我必须做出成绩的时候，我总是很
害怕……"

教师："你害怕的**决定性原因**（太抽象了）是

什么？"

学生："我真的不知道……"

教师："什么时候你在课堂测试中能表现得**特
别好**（太抽象了）？"

学生："其实从来都没有……"

教师："你需要做些什么才能**最终摆脱**这种对
成绩的焦虑（太抽象了，连摆脱焦虑的思路都不
明确）？"

学生："我不知道。如果我知道的话……"

教师："我们只需要迈出**决定性的第一步**（太抽
象了）。决定性的第一步可能是什么呢？"

学生："我不知道……我觉得我今天诸事
不顺……"

在这段简短的对话中，虽然教师的所有问题
都以解决方案为导向，但对学生来说太难回答了。
所以学生很快就产生了"我不知道"的结论。回
答了这几个很难回答的问题后，学生似乎感觉到
教师不相信他或者无法帮助他。这个糟糕的结果
是由一系列**过于抽象**的问题导致的。

如果教师在提出这些特殊疑问句时问得十分具体，那么对话的进程将完全不同，而且对话会更加积极。

学生："尽管我疯狂地学习，但每次考试还是考得很糟糕。"

教师："过去（参见极小化极大策略 1）你经常（参见极小化极大策略 4）在课堂测试中表现不好，这和你现在的情况**有什么关系**吗？"

学生："我只是太害怕我做不到。我总是对自己说'我希望别考砸了！'，然后我就考砸了！"

教师（基于极小化极大策略 4）："你最近**什么时候**在考试中不那么害怕了？"

学生："上次考试的那篇作文的主题真是太棒了，我马上就想到了很多内容，我甚至完全忘了我可能不太会写作文。那次我考了很好的成绩。"

教师："你马上就想到了很多内容，这是**怎么回事**？"

学生："我对那个主题很了解，我想到了很多，然后我很好奇，就问自己'你还能想到什么？'。"

教师："后来**怎么样**了？"

学生："嗯，然后我想到的内容越来越多，而且总是还能想出更多，那感觉真是太棒了！直到我写完并通读全文的时候，我又害怕了，怕写的这些跑题了。我都差点儿不想交上去，但我不得不交！后来我得到的成绩在 1–2 分之间。"

教师："太好了！祝贺你。就我所理解的，你之所以这次能成功，是因为这个主题让你很放松，于是你好奇地问自己'你还能想到**什么**？'。那么，日后在开始考试的时候，你**怎么**才能更加好奇地问自己'你还能想到**什么**？'，并且集中注意力在你的想法、思路和答案上呢？假使一开始你知道得不多甚至什么都想不出来，你**怎么**才能也问问自己'你还能想到**什么**？'呢？"

学生："嗯，好问题。这不那么容易……"

教师："嗯。那你**怎么**看……？"

通过教师提出的一系列具体的特殊疑问句，学生在回答与解决方案相关的问题时，他的思考能力越来越强："*尽管对于您想知道的很多事情我还没有想太多，但我能顺利地回答您的所有这些*

问题。*而且我还提出了非常实用的办法。也许我并不像自己想的那么愚蠢。*"使用这种方法的决定性条件是提出的特殊疑问句要十分具体。**它们应该关注学生的解决方案、改进方法、能力，以及学生可以利用的信息和工具。**这样，作为教师的你才能根据得到的答案继续提问。

你可以不断试验提问的形式。你可能经常在谈话中和课堂上提出具体的具有建设性的特殊疑问句，却没有注意到它们。你在学习越来越系统地提出具体的具有建设性的特殊疑问句时，要注意细节。你怎么能做到这一点？你有什么想法？如果你在以后的谈话中有意识地提出具体的具有建设性的特殊疑问句，你会获得哪些经验？

"好了，请坐！除了朱迪，还缺一个人。谁还没来？"

"海纳！"

"又是他？说吧，玛琳，我的上节课你是不是缺席了？真的？好吧……嘿，听着！我想你们肯定有时也会好奇生命和世界的意义是什么。你们知道对这些问题进行探索的是什么人吗？……不知道？是哲学家！哲学家主要研究三个问题：人类来自哪里、人类是什么以及人类将去向何方。你们是否想过我们到底来自哪里？"

"什么？我们从哪儿过来？"

"不，不是从哪儿过来，而是来自哪里！"

"哦，从外面来！还有海纳，他刚从厕所里来！哲学家对这感兴趣？我们是什么？布鲁姆老师，这个问题您应该已经知道了！还有将去向何方……"

"停！天哪，你们真笨！我意识到我可能问得太抽象了。普赖尔博士说问题要具体一些，看来他是对的。"

"布鲁姆老师，您是说我们在书里吗？"

"哼，想想看，这可能吗？有点儿常识吧！"

用"假设你会……"帮助学生预设目标

前面的两个极小化极大策略体现了区分一般疑问句和具有建设性的特殊疑问句是多么重要。想要得到意见和建设性答案的人更有可能提出具体的具有建设性的特殊疑问句（如**"你对如何解决这个问题有什么想法？"**），之后就可以在得到的答案的基础上继续研究解决方案。

本章将介绍另一种形式的问题——**能够启发对方想出两个或多个理想替代方案的假设性问题**。它有助于引导对话进程，从而将学生的注意力引向具有建设性的方向。

以这种方式提出的问题首先应涉及学生的兴

趣和目标。例如，如果你想帮助学生努力升入高年级，首先，你可以在对话中申明："你想顺利升入高年级，而且你已经意识到，要想取得更好的成绩，认真完成作业是个好办法（涉及学生的兴趣和目标）。"其次，用"假设"这个词启发学生开始思考，并给出两个或多个包含理想替代方案的建议："假设你愿意为升入高年级做更多的事情，你会考虑如何更合理地安排你的家庭作业时间和游戏时间（比如规定自己在特定的时间点之后不再学习）吗？或者你打算暂时把作业放在第一位，在一周内都先把所有的作业认真做完，再处理其他对你来说也很重要的事情？"

这种关于两个或多个理想替代方案的问题可以间接而富有诱惑力地引导学生思考，从而产生新的解决方案。这种问题暗示的建议越符合学生的目标和价值观，就越有效。如果假设性问题能成功启发学生找到理想的解决方案，或让学生兴奋地捕捉到"灵光一闪"的东西，那么交流会事半功倍。

以下是关于这种假设性问题的一些例子。

·"**假设你打算**为了确保英语得到 4 分而努力，那么你会每天多背 10 分钟单词，还是会让你的父母花钱让你每周课后补习一次？或者你更愿意花钱找一个学生给你做课后辅导，让他帮你补习一下英语基础知识？"

·"过去（参见极小化极大策略 1）分数计算不是你的强项。现在我们又用到这个知识点了，而且直到毕业你都会一直遇到这类题目。**假设你想知道**怎样才能掌握分数计算的方法，那么你会请你哥哥给你讲一下这类题、自己再做些练习，还是你更愿意在接下来的几小时内集中注意力，有问题就向同学请教？"

·"历史是你最喜欢的科目，你对历史很感兴趣，而且学习历史让你很开心。正像你说的，你花了很多时间学习历史，这给你带来了很多乐趣，而且你的努力也获得了回报——你的历史成绩很好。这激励你更加努力地学习历史。**假设你打算把这种'乐趣学习法'运用到数学上来**，让你也可以以类似的方式在学习数学上获得乐趣；或者**假设你在数学上花了很多时间**，发现了学习数学的乐趣，之后你取得了好成绩……你会对自己说'多学学数学，

这样就会从中找到乐趣，也会取得好成绩'这样
的话来激励自己吗？或者你会这么想：'过去（参
见极小化极大策略 1）我几乎没有发现自己能从
学习数学上获得乐趣。现在我先这么学一周，假
装学数学很有趣而且我乐在其中，之后再看看我
是不是真的能喜欢上数学。'"

· "**假设你想和父母商量一下**，让他们同意你跟
随班级出游，你愿意为此向他们承诺一些学习上
的改变（比如在出游前每天额外背 30 分钟英语单
词）还是其他事情？在你看来，哪种选择（参见
极小化极大策略 8）更好？"

· 一位母亲描述了一种比较典型的情况：她
儿子在家能好好做题，但在课堂测试中就会脑子
短路；他真的脸色苍白、万分恐惧地坐在那里，
什么都不会了。

"米勒女士，您可能小时候就知道大力水手总
是带着一罐菠菜，它就像《阿斯泰利克斯历险记》
里的主人公阿斯泰利克斯的魔法药水一样。您可
能不知道，很多学生为了应对恐惧心理，会在课
堂测试的时候随身带一件这样的安抚物，比如最
喜欢的动物玩偶、吉祥物或一块糖。过去您可能

没有注意过您儿子在家学习时的状态，或许他也把最喜欢的动物玩偶放在桌子上，这可能就是他的幸运玩偶。当您儿子在家学习并且能理解和运用知识后，他应该得到这样一个幸运玩偶。**假设**您让他带着这个幸运玩偶去参加考试，您还会考虑再给他一块糖以补充能量吗？或者您认为在考试的时候将这个幸运玩偶放在桌子上就足以给您儿子更多的勇气和力量了？"

· 有人在与同事的对话中说："**假设您这次要彻底戒烟**而且不再复吸，您是愿意向所有的朋友和熟人宣布您会彻底戒烟并且跟大家打赌，还是愿意用其他方式保证您彻底和吸烟说再见？"

· 有人在与实习教师的对话中说："**假设下次考试的时候**，你在向考官做简短的自我介绍时很紧张，你会把考官看作'像我这样的普通人'，还是会对自己说'我已经准备充分并且会集中注意力好好作答'？又或者你想有怎样的考试体验？"

从上面这些例子中可以清楚看到，粗体字部分的假设只有在使它后面的那些句子达到以下效果的情况下才有意义。

· 让对方注意到那些有用的事实；

· 给对方提供一些新的思路；

· 以"消费者友好型"和吸引人的方式"包装"想法和建议；

· 让对方参与到有助于找到解决方案和改进方法的探索过程中。

真正重要的是，在做出假设后，双方要进一步交流。

诚然，练习提假设性问题一开始有些难。但是，对那些会仓促拒绝直接建议（如"再和你父母商量一下！""打赌你这次可以把烟戒了！""把考官想象成萝卜！"）的人，它的效果尤其明显。如果你想向谈话对象提出建议并且让对方尽可能地考虑这些建议，那么尝试提出假设性问题是值得的。另一种值得尝试的做法是极小化极大策略13提到的"正话反说"，尤其是当你担心会被对方下意识拒绝的时候。

假设你可以通过这种形式的提问使你在学校的工作更有成效，那么你是否会再次阅读这些

内容以便牢牢记住它们？或者你是否会复印第148~149页的"极小化极大策略一览表"并贴在桌子上某个显眼的位置来帮助你记忆和练习？又或者你会怎样提出针对理想替代方案且极具启发性的假设性问题？

"好了，请拿出本子，该干正事了！"

"哦，不，我们现在正在进行哲学思考呢，这个讨厌的毕……毕什么的又来了。"

"毕达哥拉斯！"

"对我们来说这真的没什么意思！"

"嗯，说到有意思，假设你们愿意花小部分踢足球的时间来好好上我的课，或许你们也能发现数学的乐趣！"

"您知道足球训练有多辛苦吗？我们可没有时间

学数学！"

"好吧，你们想想，与其在外面横冲直撞，还不如在这里学好数学，天天向上！"

"我以后的粉丝可不在乎我数学不好！人得有远见！我想赚更多的钱。谁赚钱多？足球明星还是数学教师？"

"好吧，好吧，你们根本不懂！"

"嘿，伙计们，看看书上这里说的：假设我们要向布鲁姆老师做自我介绍……"

"哦，然后呢？"

"把他想象成萝卜！"

用"假装你是……"激发学生的灵感

孩子们喜欢玩角色扮演游戏，眨眼间他们就会成为牛仔、印第安人、芭比娃娃、迈克尔·舒马赫、摇滚歌星或知名女演员。在足球比赛中，有一个非常有意思的现象——参赛双方中，一支队伍会假扮巴西队，另一支会假扮德国队，并且球员会假装自己是尤西比奥、罗纳尔多、贝利、贝肯鲍尔、克林斯曼等著名球星。如果还有孩子能扮演一位激情澎湃的体育评论员，喊出加油口号，那么双方肯定都会踢得更加卖力。

虽然很多人在假装这件事上的从容感和程度随着年龄的增长会逐渐减弱，但假装自己"现实中"是另一个人或自己正处在另一个"现实中"
是人类的本能。在戏剧社使用假装的策略是一件
自然而然的事情,以至于几乎没有人注意到它:
"假装你是退休人员穆勒,而且你不知道窃贼站在
门后……"此外,假装的策略可以有效地运用到
学生想要超越自身局限的领域。有些学生经常认
为某种能力是不可或缺的,但是他们又觉得自己
身上没有这种能力,或者认为自己目前的状态配
不上拥有这种能力。例如,有的学生坚信自己没
有艺术天赋,在绘画方面很笨拙。有了这样一种
具有局限性的负面自我认知,学生自然会觉得用
画笔和颜料将某个物品呈现在纸上的美术作业是
很难的,尤其是当学生认为创作成功的绘画作品
还需要有艺术天赋和灵巧的双手时。当然,我们
可以尝试让这样的学生相信每个人(包括他自己
在内)都有艺术天赋。极小化极大策略 7 和下一
章将介绍的极小化极大策略 12 可以帮上忙:"你
认为你不会画画。你只是还没有发现你身上隐藏
着多少创造潜力,而你的潜意识一直在暗中产生
一些创意并想将它们付诸笔端……"或者我们可
以根据极小化极大策略 4 告诉学生,所谓"总是"

存在的缺乏艺术天赋的问题当然也有例外，同时使用极小化极大策略8和极小化极大策略9所提到的特殊疑问句来询问学生有哪些进行创意绘画的好方法，从而使学生原本单薄的自我形象变得丰满。

当学生在听到提问后表现得"像以前一样总是不知所措"（然而这句话绝不正确——参见极小化极大策略4）的时候，除了以上这些策略以及其他可行的方法之外，我们还有一个不错的选择，那就是告诉他："现在假装你体内有一台想法生成器，它能不断产生想法。现在，这台想法生成器中蕴藏着一个执行这项任务的好想法。于是你很好奇这个好想法是如何产生的，你将它看作一个美好的开始，接着会逐渐产生其他与它类似的好想法。现在，我们假装你非常具有绘画天赋并且希望在纸上试着将尚且模糊的想法展示出来。"

当你想跳出学校课程的条条框框，激发学生的想象力时，让学生"假装"的建议总是很有帮助。当你发现学生正面临困难，或者在克服困难的时候遇到了麻烦，你也可以鼓励他使用"假装"的策略。

"假装你们是当下最热门的乐队的主唱，你们正在大声唱歌，用英语数节拍——'A one，a two，a one，two，three……'"

"你说你前几天在电视上看到了大卫·贝克汉姆的采访。我想让你假装成大卫·贝克汉姆，想象自己正在宣读他的俱乐部的新闻稿。你要模仿他的语气和发音读这篇文章……"

教师也可以假装自己是电视台记者，营造一个激动人心的场景："女士们，先生们！奥运会男子 100 米比赛即将在体育场举行。比赛将分 4 轮进行，每轮有 7 名选手参加。运动员先进行热身运动，气氛越来越紧张了……"

"假设我们正在制作有关法兰克福书展的广播或电视节目，你现在是一名书评家，你正在对这本书进行重要的推广。想象一下，你是各大媒体上知名的书评家，或者是德国文学评论家马塞尔·莱希－拉尼基（Marcel Reich-Ranicki）。无论说什么，你都要大声、清楚地说出来，你要充满自信地谈论一些重大事件。"

过去你可能不觉得自己有良好的沟通技巧，

现在假装你的头脑里藏着很多关于学校和学生的好想法，例如你要在哪里以及如何在你的教学工作中使用这种"假装"的极小化极大策略来帮助你的学生轻松克服困难并获得新的发展机会。请允许你像侦探一样，惊喜地去探索自己在哪里以及怎样才能时不时地假装"获得"了一些了不起但又几乎不可能出现在你身上的特质和能力。

"有时候我觉得你们根本不理解我。假如你们来当老师，站在这里……"

"我们？当老师？可别了！还是您假装自己是学生吧！"

"嘿，他刚才说的就是这个意思！"

"嗯，这只是一个想法。在这本书中，普赖尔博士想向我们说明角色扮演是多么有用。啊，我又想到了别的东西：假装你们正在采访毕达哥拉斯……"

"我们可不会说希腊语!"

"毕什么斯踢足球吗? 他是雅典帕纳辛纳科斯队的球迷吗?"

"别在这里胡说八道! 乌尔斯, 你知道的肯定比他们多吧?"

"毕达哥拉斯做了一个正方形、两个正方形, 然后开始做第三个……"

"然后呢?"

"不知道, 也许他就这样死掉了。"

"乌尔斯, 这可不是你的水平啊!"

"怎么了? 难道他还活着? 您也没有告诉我们更多的内容啊。"

"嗯, 好吧, 我们从课本上又学了一些东西, 只是……你们说说, 我们讲到哪儿了?"

教师的
高效沟通策略

告诉学生他只是"认为自己做不到"

经常会发生这样的情况：学生说他非常希望做到（或学会）某事，但无论如何就是不成功、学不会、没有能力做到。学生会告诉你*"我就是记不住""我就是无法在考试的时候好好集中注意力""我不知道我怎样才能做得更好""我就是不相信自己""我就是没能力"*。

听到学生抱怨自己的弱点时，教师立刻就能感觉到学生是在请求他提供建议（比如对学生说"自信些！""试试吧！""你只需要……"），从而让学生在接受建议后变得更有能力、更自信、做得更好、更专注或者能够记住更多的学习内容。

然而，并非所有学生都能欣赏这些好建议，很多学生认为自己无所不知，更有甚者认为自己无所不能。他们对这样一位提供明智建议的教师以及他们之间的等级关系（能力强且无知的学生处于下级，而能力强且看似无所不知的教师处于上级）感到不满，并因此不愿意接受这些好建议。所以当学生抱怨自己的弱点时，教师比较理想的做法不是立即提供建议，**而是**（参见极小化极大策略3）……

　　教师应当做出哪种反应呢？在很多情况下，教师不能简单地接受学生这些关于弱点的抱怨并且表现出"理解但爱莫能助"的态度，例如对学生说"我接受你的抱怨，我认为你当然是做不到的，你没有能力"。作为教师，我们要为学生打开通向未来的大门，让他们开始学习，并使用之前尚未用到的技能和方法。然而，这与直接提供善意的却通常会被迅速拒绝的建议有什么不同呢？

　　例如，你可以使用极小化极大策略10中的假设性问题向"不自信"的学生提出两个符合你期待的问题，从而促使学生开始思考："假设你很自信，那么你会认为自己所说的东西是正确的吗？

还是你倾向于这样想——'重要的是我有勇气表达出来，尽管这些话可能并不是无懈可击的'。"

当学生宣称自己学习能力差的时候，你还可以使用另一种策略。这种策略基于一个无可争辩的事实，即学生只是**认为**他学不会一些东西。那么，他能否与他自认为的相反，通过学习能做到某件事，并将他的注意力转移到如何解决不自信的问题上呢？对此，我们都无法简单地下定论。

学生："当我哪怕有一点儿不确定，我都不敢发言。"

教师："你**以为**自己不确定就不敢发言。然而，当你并非百分百确定的时候，你的内心还存在另一个想发言的声音。以前（参见极小化极大策略 1）你可能还没有注意到这个声音。你可以放心地多听听这个声音怎么说，这样可以获得敢于发言的勇气。以前，你只是没有让自己把'言语刹车'的踏板（参见极小化极大策略 5）稍微松开点儿。"

学生："考试让我压力很大，我就是无法集中注意力。"

教师："你**认为**你在考试的时候无法集中注意力。你内心的另一个你完全不在乎你考试的时候是否有压力。因为这个你只忙着考试，并且竭尽全力要把题答对。我能想象出来，这个你在日后的考试中会掌握主导地位，至少是在答一些或个别题的时候。我很好奇，你是怎么（参见极小化极大策略 2）有这种感觉的？"

这个交流过程基于以下的步骤。

· 学生说"很遗憾我不能……"，他发出的信号是希望自己能够做到。

· 教师表示理解地说"你**认为**你不能……"，这表明教师理解并接受了学生的表述。而且，按照教师的理解，学生不能做到某件事情的事实并不存在。相反，教师理解的是学生只是**认为**他做不到某件事。教师接受了学生对自己能力的局限性的想象，同时提出了与此相反的另一种可能。

· 教师指出学生其他方面的品质或能力。无论学生对自己的看法如何具有局限性，这些品质或能力都能让他做到那些以前他认为自己无法做到的事情。

如果一个学生确信他做不到或学不会某事 X，但仍然希望做到或学会，那么教师一般可以做出这样的反应："你认为你做不到 X。可是你在生活中已经学会了一些你曾经认为'我永远不会、永远学不会'的东西。可能你在小时候学习字母并且要区分 d 和 b，或者你第一次骑自行车的时候就有这样的想法。但是，不管你的想法如何，总有一些能力可以让你做到或学会 X。我相信你确实拥有这些能力。"

有些读者可能会想："很多极小化极大策略对我来说很有说服力，但我永远学不会在日常交流中使用它们。"但每个人都学会过他们认为永远学不会的东西。也许这种感觉就像你第一次自己开车而不得不同时注意周围的一切一样。现在，你已经学会了一边好好开车，一边和其他人交谈、听音乐或欣赏美丽的风景。在你没有察觉的情况下，你已经自然而然地以适合你的方式使用了其中一些极小化极大策略。

也许你还认为极小化极大策略永远不会理所应当地成为你的具有建设性的交流技巧的一部分，但本书中的一些策略可能已经在不知不觉中成为

你在交流中不可或缺的技巧了。或许你好奇心越来越重，想有意地尝试某个策略，或者看看你不小心脱口而出的符合极小化极大准则的表述是如何让交流更有成效的。这可能会让你有意识地更加频繁地使用这些极小化极大策略。

"刚才怎么了？"

"布鲁姆老师，米内特总是欺负我！"

"是这样吗？米内特，别打马克斯了！好了，大家现在注意，看着我……你怎么哭了，米内特？你怎么了？"

"噢，没什么。"

"嗯，等等，让我想想……我们班最近在……嘿，米内特，你又怎么了？"

"您总是觉得是我不对！"

"嘿，你知道的，不要说'总是'！"

"是马克斯经常来惹我，您在前面看不清楚。"

"那你可以告诉我！"

"我可不打小报告！"

"那你就自己对付这个家伙吧！"

"好吧，好吧，您是为我好！您也知道他是什么德性……"

"嗯，马克斯还小……"

"但真的很讨厌！"

"以前你表现得挺好的啊，米内特！"

"我打他完全是因为我很生气！"

"所以你认为你保护不了自己……等等，我想起来我的一个小侄女，她会打拳，而且她能打赢所有的人！我可以把她介绍给你，让你学几招！"

正话反说，提出建议

有哪位教师没遇到过这样的情况呢：学生描述了一个问题，你很高兴地对这个问题提出了非常好的建议，并且做了详细的说明，然而学生断然拒绝接受这个建议！或者学生这样说："**是的**，这的确是一个非常好的建议，**但是**很遗憾我不能接受。"有时学生也声称自己"真的会尝试"将这个建议付诸行动。作为一名负责任的教师，你会督促学生去尝试，但你内心知道，除了冗长的道歉（"我很抱歉，我真的尝试过，但是……"），最终什么都不会发生。这种明确的或间接的对教师建议的拒绝让人很生气，这也证实了一个让人不快的事实：很遗憾，很多人认为忠言让人不悦，

因此根本不接受忠言，给出的反应也正应了那句老话——忠言逆耳。

这样的情况是可以避免的。你提出的好建议可以被接受，你也不会再因被拒绝而感到愤怒和失望：如果你将建议用否定句的形式"包装"起来，那么建议的接受率会显著增大。这里运用了这样的知识：否定句背后隐藏的信息会不可避免地激活人们内心深处相应的想法。你在阅读下面的句子时很容易感受到这一点。你将发现，你会很快去做你原本被要求不要做的那些事情。

·"现在**不要想**粉红色的兔子！"

·"**不要去想象**你现在喝了一勺现榨柠檬汁，嘴里的酸柠檬汁让你的口水流了下来。"

·"**不要想象**你的上司头上戴一顶牛仔帽是什么样子。"

你如果想把好建议"包装"在否定的句式中，可以利用这种"不要想粉红兔子效应"。

·"过去，你无法一开始就适应课堂测试，并且没有做好充分的准备……"（但你很快就能适应并做好准备。）

·"为了从美术课中学到些什么，我们根本不必相信每个人（因此也包括你自己）都有艺术天赋或者都必须创造性地表达自己。将某些想法落在画纸上并不断丰富艺术的表现形式会给人带来乐趣，这一点可能更重要。"

·"下次你不用再刻意地问自己'你在学校里想达到什么目标？放学后你想做什么？'，因为你可能会下意识地思考这些问题并且它们会一直伴随你。"

·"对我来说看明白你在课堂测试中写的内容是非常重要的，但你不必因为我这么说而觉得你把字写得工整和清晰将有助于你理清自己的思路。"

·"你不必去想打节拍是能学会的事情。你跟着打节拍打得多了，一嗒嗒、二嗒嗒……它自然而然就会成为你的本能。"

·"你可以做个实验，在一周内先做家庭作业再玩电脑，然后享受一下完成所有作业的成就感。不过，这可能对你来说没有意义。"

　　就算教师以这种否定的形式提出他的建议，学生也还是有拒绝的自由。他会说："不，这不行，因为……"学生也有可能做出这样的反应："嗯，我原来可以这样做啊。这是个好主意。"此后学生常常觉得这个好主意似乎是他自己想出来的。学生完全有权利接受适合他的建议并忽略不适合他的建议，教师不需要为了让学生接受或拒绝某个提议而徒劳无功地努力。拒绝和接受之间有一种微妙的平衡：教师正话反说，谨慎地表达"行不通"的立场，或者抱有"你不必……"的态度，而学生的态度更多的是"为什么不呢？"。

　　教师正话反说地提出建议时的**态度**应该与他所说的内容相匹配：教师应该表现出他根本没有提出建议，也不想提出建议。教师事先或多或少就明白，自己所说的内容从学生的角度来看可能不可行或没有用，尽管如此他还是要说出来。如果学生随后也将教师所说的话看作是不可行或没有用的，并且对此进行了证明，那也完全在情理之中。其实，教师很愿意被学生反驳并接受学生提出的更具可行性的建议。学生会自己判断什么对他来说是有意义的、可行的以及有用的。

以下这些否定句式对于引导学生想出好主意非常有效。

· 你还不需要现在就……

· 你没有必要……

· 现在还不一定非得这样……

· 你还不必……

· 你还不必让……发生

与此同时，遵循"**建议要具体**"的原则是非常重要的："**你不需要通过这些方法让自己在数学公式中找到乐趣**，比如给它们起卡通人物的名字，以便更容易记住它们。"

"为了让一些单词听起来更熟悉，你会在上学或去其他地方的路上听录音。**你现在不用去想象**你完全复述出录音里的单词是怎样的情形。"

教师说："**再多些自信，你实际上可以学得很好，但这可能对你来说并不好。**"学生问："为什么不好？"教师说："可能让你觉得自己会变得或者显得自负？"

如果你通过正话反说提出建议，那么学生可

能有最大的自由来决定接受或拒绝你的建议。这
种自由让学生可以根据自己的需求冷静地检验你
说的话以及暗示的建议。你对学生的拒绝做出反
应是多余的或者说一无所获的。

然而，日后你不必在与倾向于拒绝建议的学
生的每次谈话中都有意识地正话反说，因为你已
经无意识地经常这么做了。为了让你经常想起用
这种方法提出建议，让那些倾向于拒绝的学生接
受这样的建议，这里有一个并非对所有人都有用
的方法，即把一张写着"正话反说"的小纸条贴
在备课或工作场所的显眼位置。为了把你的注意
力放在促进课堂交流上，更好的做法是不要去探
究这种正话反说的方法还可以用在除学生之外的
哪些谈话对象身上。

"那么，让我们继续上数学课。a^2……"

"布鲁姆老师，我们今天真的没有兴趣学这个。您快认清这个事实吧！我们大多数人都拒绝。再说了，反正学这些也没用！"

"好吧，那就不学了！讨论结束！算了！知识太多只会伤人，再说以后谁还需要数学？"

"谁还需要？我！布鲁姆老师！我要成为一名仿生学专家，我可以……"

"噢，伙计，布鲁姆老师只是在逗我们呢！对吧，老师？"

"那么……普赖尔博士的意思是，如果你……对了，那句话是这样说的：试着不要去想一只粉红色的兔子！"

"什么？就这么简单？这是个笑话！我可以给自己买一只粉红色的兔子！"

"为什么？"

"是这样的，您必须先想象出一只这样的兔子，然后您才能忘记它！"

"什么？好吧，那你们就先想象一只吧！"

"毛绒的？"

"不是，活的！"

"多可爱啊！"

"小白鼠也可以吗？乌尔斯带了一只来上生物课，它叫特奥。"

"我有一匹蓝色的马，不过是画在纸上的，上美术课用的，是马克给我的。"

"好了，好了，那就想想你们谁都没有的山羊！"

"哈哈！现在我们不用想兔子了吗？"

"那匹蓝色的马画得还挺成功的，但我们根本不记得它了——顺便说一句，那是马克画的！"

"布鲁姆老师，我们也想不起来您了，变成了萝卜的您！我们觉得您在骗我们，就像那句俗语说的，'越禁止越让人印象深刻'。还有，对于您的问题，我们也有解决方案：请您不要总是想着我们是多么优秀的学生！"

教师的语言：夸张还是适度？

那些在谈论自己日常经验时总是使用语气极其强烈的词语的人让我很头痛。

"请想象一下，当时我是多么震惊：我在这边，完全惊慌失措；那边的人是，好家伙，一位巨星！我简直兴奋到极点！天哪，我该怎么办！我从来没有这么疯狂过，他真的酷到炸，太了不起了！你们根本没法想象！"

我努力将我的理解用比较适度的方式表达出来。

"当您见到 A 先生时，您的情绪比较激动。您的内心感受不同寻常……既然您这么表达，那么情况应该就是这样的，因为过去您经历过不少令您激动的事情了。"

尽管我非常努力地试图理解我的谈话对象，但我的那些善解人意的、更加适度且深思熟虑的评论并没有弥合我们之间的巨大鸿沟。任何观察过我们的人都会注意到我们的行为也存在巨大的差异：我放松地坐在椅子上，说话平静而从容，总体上看相当放松；相反，我对面的人则一直在用大幅度的动作来强调他极度扣人心弦的陈述，他有时甚至兴奋得无法坐在椅子上，而要跳起来。过了一会儿，我不得不承认，我完全无法与这个人建立任何真正意义上的联系。这就像一只疯狂的黄蜂在佛陀周围飞舞。我们几乎无法互相理解。

我不断问自己："我们有什么不同？是什么让他使用的语言与我的不同？"我被这种强烈的语气和极端的情绪震撼，他的表述中几乎所有的东西都是"离谱的""极度的""疯狂的"，甚至有时是"前所未有的"。我的谈话对象生活在一个总

是高度戏剧化的世界，并且他也总是以这种高度戏剧化的方式表达。相反，我是适度的化身，说话的时候我会冷静地使用"一点儿""一些""不少""并非微不足道"等词语。

我陷入了沉思。一方面，我想起了一位令人敬佩的英国人，据说他以最"低调"的方式评论了自己的死刑判决："这个判决可能不是我最喜欢的那个选择……"我喜欢这样。另一方面，我也非常钦佩特奥多尔·W. 阿多诺（Theodor W. Adorno）[①]，他将夸张描述为"真理的媒介"。现在我应该也觉得一切都是"离谱的""疯狂的"和"极度的"吗？我对此有些抵触。我允许自己在内心独白中使用那位谈话对象的语言来表达这种抵触。

"**总是**生活在充满**如此可怕**的体验的世界中并**不断**拥有**如此强烈**的体验真是**太疯狂**了！我**不可能**如此**歇斯底里**地用这种**荒谬的**、**前所未有的**语言来表达自己！这种**夸张的强度**绝对是可怕的，会把我**撕成碎片**！"

---

① 德国社会学家、哲学家、音乐家以及作曲家。——译者注

通过更加仔细、当然往往也更加"谨慎"地观察，我发现这些恐惧"有一部分"是没有根据的。所以我开始尝试夸张并使用我从未用过的语言表达方式。对像我这样比较温和的人来说，这引发了一些令我感到恼火、有时又很有趣的体验。那个我"从来没有——甚至在我最疯狂的梦中都没有——丝毫想法"的世界向我敞开了大门。最重要的是，经过一些训练，我能够真正理解与我对话的那位最伟大的夸张者——一位用这种方式表达和生活的真正的世界级大师——我甚至能够通过运用我的夸张表达超越他，我不会忘记这种"巨大的胜利"。在这个时候，他反而会变得越来越冷静、谨慎和放松。

在谈话中，区分夸张的人和低调的人是很重要的。夸张的人很容易以"惊人的戏剧性""极端的强度"和"令人难以置信的立场"理解和描述事物。他们喜欢使用极端的表达方式，例如使用"非常""极其"或"完全"等词语。低调的人则喜欢用适度的词语，例如"一点点""可能不完全是"和"有点儿"来进行描述。**如果你想与谈话对象建立联系，那么你需要掌握他的夸张或低调**

的表达方式，使用他的语言，这样可以大大促进双方的相互理解。

有些教师可以用他们安静、矜持、就事论事的表达方式让一个班的学生都为之着迷。很多学生由于经常受到强烈的刺激，更喜欢用夸张的语气与教师交流。带有些许戏剧性、夸张、放大、富有表现力的表演不仅有助于演员吸引观众的注意力，而且大多数在各种舞台上取得成功的人都在享受夸张的表现和戏剧性带来的乐趣。

你是一个夸张的人，还是一个低调的人呢？你的教学风格是低调的，还是你也喜欢戏剧性、充满表达欲？哪个学生更夸张，哪个学生更低调？你的哪位女同事是显而易见的低调的人？谁更倾向于使事情充满戏剧性？在夸张和低调之间切换对你来说有多轻松？如果你倾向于温和而低调，那么以与平时"完全不同的"方式描述和体验事物可能是一种特别"让人震惊的"和"极其重要的"经历。如果你"非常"清楚"生活中几乎所有的事情"都"很夸张"，那么当你"时不时"反常地低调"一些"的时候，就很可能会导致"一些""并非微不足道的"结果。你可能还会

注意到，这种方式会使你与某个谈话对象以幽默
的方式增进相互理解。而这种具有不同表达形式
的、幽默的并且像游戏似的实验并不仅限于教师
与学生或同事打交道的时候。①

"是谁？我要知道刚才是谁！谁的球？我觉得是
海纳的！它不应该出现在这儿！"

"哎呀，他现在其实也没有那么糟糕，他也没
有扔……"

"我说的是球，不是海纳！球被没收了！"

"海纳吗？"

---

① 关于这一主题的更多内容请参见以下两本书：《夸张作为心
理疗法的手段》（曼弗雷德·普赖尔，1992）和《欧洲视角下的
埃瑞克森催眠和心理疗法》（彼得·贝森、施密特·吉尔哈特主
编，德国卡尔·奥尔出版社，第164-173页）。

"你的袋子也被没收了，汤姆！你总是在课堂上吃东西！"

"总是！哦，我的天哪！"

"别调皮！"

"我刚打开，读者可以做证！"

"你再多说一个字试试，我可不知道自己会做出什么事！"

"嘿，卡里，看看布鲁姆老师都学了些什么？现在他连自己会做出什么事都不知道了！……嘘！一会儿你就要挨打了！"

"你，卡里，把这顶丑帽子摘掉！"

"为什么？"

"为什么？！我说摘掉就摘掉！马克斯，别再傻傻地冷笑了！"

"冷笑？我？"

"就是你，我没有开玩笑！"

"还傻傻地？真是离谱！"

"你这就是典型的在背地里搞鬼，还在这里装无辜，觉得自己受到了伤害！"

"这也太过分了！"

"住嘴！我的天哪，这鬼地方真是糟糕透了！简直是个让人发疯的破地方！还有这些叛逆的孩子！真是一群疯子！"

"布鲁姆老师……"

"别叫我布鲁姆老师！我现在吃了火药，一点就着！"

"我可以说点儿什么吗？"

"不可以！……好吧……怎么了？"

"我想说刚才那个球，是您看错了。不好意思！还有……"

"还有？"

"布鲁姆老师，或许您应该考虑一下正在看着我们的读者，他们肯定觉得非常惊讶！"

教师的
　　高效沟通策略

$$a^2 + b^2 = c^2$$

面对"难对付的"学生时，多用否定句表达观点

在学校里，你总是不得不和那些拒人于千里之外的、"难对付的"学生打交道。他们抱有"抗拒"的态度，几乎不接受别人的任何建议。[①]

20 世纪 80 年代初，我在做法医精神病学实习医生期间曾经与一个态度极其"抗拒"的"难对付的"人——L 先生——打过交道，他当时正处于强制医疗期。L 先生不仅在病友中不受欢迎，

[①] 我认为，诊断术语"难对付的"和"表现出抗拒的"并不是在描述人们的某些固定特征，而是在描述人们相处时由于习惯不同或利益冲突而产生的困难。这就是为什么我在这里给它们加上了引号。

而且在医护人员中也很不受欢迎。护理人员在谈到 L 先生时使用了形式非常多样的咒骂之词，医生们也几乎忘了他们在学术上的克制，在精神病诊断之外的时候对 L 先生强烈的抗拒之情几乎不加掩饰。对当时的我，一位年轻、敬业的心理学家来说，这些都是需要对 L 先生进行心理治疗的指征。我对这种普遍的针对 L 先生的拒绝感到愤怒，于是表达了我对这位可怜的病人的声援，并安排了每周与 L 先生的治疗性会谈。① 然而，这些会谈最初并不像我希望的那样富有成效。但我还是非常努力地投入会谈，希望帮到 L 先生。例如，我会在开始谈话时不经意地谈论天气。

"您好，L 先生，很高兴您能来。今天天气真好。"

L 先生根本不认为天气很好，他说："您知道

---

① 在强制医疗期内，被收押的患者与其亲属、治疗师、医护人员、法官、律师、检察官以及公众之间的关系高度紧张，其中可能会出现一种非常特殊的关系形式。基于这种形式，某些个体与被拒绝的患者产生共情，并且有时会呈现极端的形式。例如，我当时所在的法医精神病科的一位女治疗师帮助一位非常有争议的患者逃跑，并在他再次被收押后与其结婚。

吗，当一个人必须待在这里的时候，就没有什么天气是真正的好天气。"

我的关于谈论好天气的努力显然无效，因此我尝试用另一种方式开启话题："好吧，我也想谈谈除了好天气之外的话题。"

他说："我倒是不介意谈论天气。"

对此我回应道："我明白，但我们现在有更重要的问题……"

他并不接受这个建议："谈论重要的问题并不容易。我和心理学家打交道的经历并不愉快……"接着，他非常投入地和我详细讲述了他在何时以及如何感受到了心理学家对他的不公平对待。

由于我将他的陈述也看作对我的责备，因此我很难平静地听他陈述。之后，我试图改变话题，想把他的注意力引向一个在我看来对治疗更有成效的关键点上："好的，我听说您和室友 R 先生之间存在不少问题……"

他用拒绝的态度愤怒地回应道："我？不，我和他之间完全没有问题。您知道吗，我在这里再也受不了这种诽谤了。不过 R 不是我的朋友，这也不是什么秘密……"

谈话就这样继续下去。随着时间的推移，我变得越来越局促，还开始胃痛。我如此积极地尝试，但除了拒绝之外什么也没有得到！我很愤怒，也越来越理解那些与 L 先生打过交道的人为何对他如此反感。我与这种愤怒和反感做了很长时间的斗争。我是多么想加入那些绝对不想与 L 先生有任何关联的人的阵营，而且这种意愿越来越强烈。

然而，在内心深处，我不断听到符合埃瑞克森心理疗法理念的箴言"说患者的语言！"，以及"无论患者作为患者做了什么事情，治疗师都必须做治疗师该做的事情！"。我问自己：我这位患者的语言是什么？他做了什么导致所有人都如此抗拒他？我注意到，他的每一句话中都有"没有"或"不"这样的否定词。L 先生几乎否定了一切，并且几乎总是从一开始就拒绝一切。在我看来，这似乎是心理治疗的禁忌征象。我怀着沉重的心情否定了自己要努力帮助 L 先生的想法。我决定学会用 L 先生的语言表达方式说话，在每个句子中使用否定词"没有"或"不"。尽管"积极思维"的民间治疗法对我产生了深刻的影响，但我很快就学会了完全用消极的、充满拒绝意味的语言来表达自己。我与 L 先生的谈话随后呈现出完全不同的特点。

　　我："您好，L 先生。今天的天气**不是**那么好……"

　　L 先生："不，**不能**这么说。但是当一个人必须待在这里的时候，就**没有**什么天气是真正的好天气。"（直到后来我才意识到这是 L 先生第一次表示同意，至少在我看来是这样的。）

　　我："好吧，不过我们来这里**不是**为了谈论好天气，而是马上要谈谈重要的事情，我还带来了一位心理学家——我**没有**忘记您和心理学家打交道的经历并不愉快。您可能也**不想**……"

　　L 先生："您倒是**没**说错……"

　　我："您可能根本**不想**和我谈谈关于您和室友 R 先生的事情。"

　　L 先生："您说的对，我确定是**不想**谈的。不过 R……"（接下来是关于"不可能"谈论的 R 先生的冗长而愤怒的陈述。）

　　接下来，我继续正话反说（参见极小化极大

策略 13），用否定的表达方式进行对话。

我："当一个人对别人非常生气的时候，他就**不能**再保持放松了。例如，尽管他对这个愚蠢的话题**不是**那么感兴趣，能够在表面上让自己保持相对平静，但他肯定**没办法**把一只手臂放松地放在椅子扶手上。"

对此，L 先生示威似的一脸轻松地看着我，随即低头将不屑的目光投向了自己的右臂，咕哝道："您可以试试！"

我小心地把手腕抬起一点儿，然后放下。

我很惊讶地肯定道："哦，我**没想到**会这样。不过可能另一只手臂**不会**也这么容易放松下来。"

L 先生用眼神示意我也试试，并且认为我会对他的能力感到惊讶。我照做了，并对此感到惊讶。接着，我提出了这样一种假设，认为他肯定不能使双臂直至肩膀都放松下来。当他随后向我证明他可以放松自己的双臂和肩膀时，我又表示我很确定他不能把双眼闭上一会儿，放松一下。L 先生闭上眼睛以证明我错了，他胜利了，我则很享受与之前截然不同的、从未成功体验过的与 L

先生轻松谈话的氛围。

在这次经历之后，我在实践中经常使用从 L 先生那里学来的否定的表达方式。事实证明，使用这种表达方式能与护理人员更轻松地谈论 L 先生（如"要在 L 先生身上找到让人喜欢的地方并**不容易**……"）。

与他人相处时，如果感到"困难"、遇到"阻力"或苦于交流无果，使用这些善解人意的否定的表达方式总是很有效的。如果对带有"抗拒"态度的、"难以相处的"人使用善解人意的否定的表达方式，那么对方"好斗"的"优点"就变得多余了，因为他没有什么可抗拒和自我防卫的。因此，双方可以更加充分地互相了解并且都更加放松。

虽然教师能以教学法所推崇的动力为出发点来激励一个态度"极为负面的"学生（比如"你要知道，以后在很多地方你都可能需要用到英语"），但是，如原本预料的那样，学生往往会以惯常的拒绝态度回应（比如"不，我不知道！您可真唠叨……"）。这种"斗争"的局面通常会令双方都相当沮丧。

如果教师用否定的表达方式与这样一个十分消极的学生谈论学习上的事情，那么至少气氛会很不一样："好吧，我知道你**不喜欢**学校，也**不喜欢**英语。你**不喜欢**坐在这里，因为你**不是**自愿的，你**不喜欢**学校里的一切。因此，很遗憾，我**不能**指望你了解英语学得好其实能帮助你日后进入音乐界，实现梦想。你可能认为英语对你日后想成为乐队经纪人**没有**太大帮助，我不得不接受这一点。还有一个遗憾是，我也**不知道**如何告诉你，当你在旅途中想让别人理解你，并且要用英语谈论音乐、电脑游戏或其他任何事情却根本**做不到**的时候，这还**不是**最糟糕的……你对新学的每一个英语单词都**没有**兴趣，这一点我**不太**理解，因为英语可以给你提供很多你以后会觉得非常不错的机会……"

你可以测试一下哪些表述最有利于引导学生思考并让你获得尽可能多的信息。**在与喜欢拒绝的、"难对付的"学生交流时多使用否定词（"不""没有"）！**如果你在和"难对付的"学生交流时，在几乎每个句子中都使用"不"或"没有"，那么交谈会容易得多！还是你觉得下面带

否定词的表述和正话反说（参见极小化极大策略
13）的效果更好？

  "没有必要训练自己在每个句子中都使用
'不'或'没有'，因为你在与'难对付的'学生
打交道的时候，已经时不时地使用了这些词，并
且收到了相当好的效果（即使过去你还没有清晰
地意识到这一点）。而且因为你现在已经清楚地
意识到了这个用法，你也不必有意在与'难对付
的'学生打交道时特意使用'否定性表述'。与
此同时你也无须抗拒在与一位'难对付的'学生
推心置腹的谈话中使用一些'否定性表述'。"

"那么现在是什么情况？"

"布鲁姆老师，您现在心情不好吗？"

"我不否认……"

"也许我们的确表现得不太好？"

"啊，也不是，你们怎么会这么想？"

"而且您不会很快忘了……不会吧？您如果看不见我们，可能会很高兴吧？"

"嗯……"

"您一个人在上面站着，不觉得有点儿寂寞吗？"

"什么？"

"是吧？当然寂寞了！所以我们现在上去陪您！布鲁姆老师，老实说，您不觉得我们很棒吗？"

"很棒？我倒是觉得我四周乱得很棒！"

"哦，布鲁姆老师，您总是这么消极！我们其实真的很有创意！"

"嘿，无论什么你们都能说得头头是道，我就想知道你们在哪里学的这些东西。"

"在美术课上！"

"美术课？好吧，我差不多也是这么认为的！"

面对"难对付的"学生时，多用否定句表达观点

$a^2 + b^2 = ?$

规避指责，表达愿望

在去上课的路上，你在很远的地方就听到教室内外都闹哄哄的。而且遗憾的是，这样的事情在这个班经常发生。现在又开始了：在敞开的教室门前，两个学生在打架；教室里传出很大的噪声。每向门口走一步，你的肾上腺素水平就会上升一点儿。你的一位同事站在门槛上就开始发火了："我不在的时候，你们非得这么吵吗？没人看着你们的时候，你们总是在走廊里喧哗、尖叫、打架。卢卡斯，我看到你、尤里安还有菲利克斯一起乱扔湿的黑板擦。谁来收拾这个烂摊子？你们真是不像话！"

学生们很安静，低着头等待"狂风暴雨"过

去。当然，他们在下一次课间休息时依然会这样打闹来寻找乐趣，但至少现在他们是安静的。

课堂上，凯文愤怒地冲着同桌喊道："你这个坏蛋，你怎么又拿了我的橡皮！你总是什么东西都用我的！"同桌辩解道："你才是个坏蛋，而且你还过于敏感！你说我总是什么东西都用你的，才不是这样！你还总是用我的彩色铅笔呢！"教师只能用异常果断的、彰显权威的词语来结束这场激烈的、富有攻击性的争论。教师很生气，随后说了一句这样的话："你们怎么总是这么好斗！"大家都非常理解教师的愤怒。教师也能感觉到说出这句批评的话多多少少只是权宜之计，因为在这种情况下他不得不这么说。可是，气氛并没有因此变好。

学校里的这些场景让我们意识到：每个人都在指责，而指责首先会影响人际关系。虽然我们可能都知道这样不好，但是应该采取什么不同的做法呢？一方面，我们有充足的理由去指责，而且必定会表现出失望；而另一方面，人际关系就像一家瓷器店，当人们互相指责的时候，店里那些上好的瓷器就会被打碎。

　　这种相互指责的场景总是让我想起欧宝汽车公司的一位女员工，她的丈夫也在吕塞尔斯海姆为欧宝工作。她经常抱怨他们俩花了太多时间和精力互相指责，她根本不知道如何减少夫妻关系中的这些责备。她压根不想指责丈夫，反正指责也没有什么用。相互指责的唯一后果就是他们的亲密关系受到了影响，夫妻间产生了长期的信息"传输中断"，他们俩的"关系小马车"驶入了"泥潭"。她很爱她的丈夫，不能也不愿想象和另一个男人生活在一起。因此，她非常希望减少这些愚蠢的指责，从而让他们的夫妻关系驶入正轨。

　　我告诉她，我肯定可以帮助她，她只需要坚持遵守一段时间的"规避指责，表达愿望"法则。① 作为欧宝的员工，她当然很吃惊，问我这个法则的内容是什么。我对她说最好的解释方法是举例。她需要先告诉我一些让他们夫妻关系紧张的典型的指责。这对我的这位女客户来说很容易。

　　"您知道吗，我简直受不了我丈夫每周五回家

_____

　　① 该法则的德语缩写是 V W，它在德语里也是大众汽车（Volkswagen）的缩写。——译者注

后的表现。他甚至不跟我打招呼就拿起报纸看，还把报纸摊在客厅的各个地方，而且还意识不到这一点，因为他通常在看完报纸后就打开电视机，看一个半小时的新闻或体育节目，就好像我不在家一样。我周五下班回家也很累。但是当他在看电视的时候，我还得做所有的家务，打扫、把洗碗机里的餐具拿出来等。而且，他还会抱怨我做家务发出的声音打扰了他。家务几乎都是我一个人在做，而我丈夫一副事不关己、高高挂起的样子，这让我很恼火。我当然要指责他。我承认，我说出了很多很过分的话，即使我知道这些指责毫无用处。"

我猜测她的丈夫可能很生气，于是变得沉默寡言，不愿意和她谈论这些事情，因为我知道坏情绪一般会持续很长时间。接着，同样的情况会在下个周五再次出现。她对我的猜测表示同意。在我掌握了这种典型情况后，我再次表示我相信"规避指责，表达愿望"法则会对她有所帮助。

在她的坚持下，我向她进行了解释："规避指责，表达愿望"法则在德语里的缩写为 Ｖ Ｗ——

V 代表指责（Vorwurf），W 代表愿望（Wunsch）。
这个法则要求人们将指责（V）都转述为愿望
（W）。我问她上述例子中的指责背后实际隐含着
她的哪些愿望，我的这位女客户花了好长时间才
找到合适的词语，并且以"我希望你……"为开
头开始表达她的愿望。

"我希望你以后也承担一些家务。至少你以后
可以负责把洗碗机里的餐具拿出来擦干净。我还
希望你周五回家后先跟我打个招呼，用友好的方
式说句话，至少给我一个短短的拥抱。我不需要
你做什么其他的事情了，而且我不介意你看报纸
和体育节目。不过我想请你看完报纸后把它们收
在一起放在客厅的桌子上，这样我收拾的时候会
方便一些。如果你忘了我的这些小小的愿望——
这是很可能发生的——那么我觉得你可以用一束
鲜花来弥补。不过，你要是能像以前那样'就是
单纯想'送花给我的话，我会很高兴的。"

作为欧宝的员工，她的丈夫也对"规避指
责，表达愿望"法则印象深刻。由于这个法则的

德语缩写ＶＷ与大众汽车的德语缩写同名，这对夫妻觉得很有趣，这也让夫妻间的矛盾缓和了一些。他们不断轮流提醒对方在家里实行这一法则。在这个过程中，让他们俩都觉得好笑的是随之出现的一种新的指责——"你没有遵守'规避指责，表达愿望'法则！"，以及由此演变而来的愿望——"我希望你以后不是指责我，而是向我清楚地表达你的愿望，这样我才能关注到你的需求！"。

在共同生活中，很多人际关系的"瓷器"会因为相互指责而被打碎。这是因为，指责针对的是无论如何都无法改变的糟糕的过去，而且通常会指向同样糟糕的未来："昨天你又……！你总是……"随之而来的便是一些贬低的话。对未来的愿望极少会因此变得清晰或者成真。我们必须考虑的是如何以愿望的形式友好地表达重要的事情。如果你能成功地表达愿望而非指责，那么彼此的关系就会得到显著改善。

如果教师带着愿望而非一连串的指责面对学生，那么一部分的攻击性和紧张关系将转化为富有成效的共同合作的激情。例如，本章开头描述

的不友好的"问候"可以转述为一系列的愿望。

"当我从走廊走过来的时候，我在很远的地方就听到你们发出的吵闹声。你们根本不在意这样的行为会不会打扰到其他班级，这让我很生气！以后我要是来晚了，我希望离门最近的两位同学把教室的门关上。即使关着门，我也想请大家以后保持安静，让其他班级专心上课。你们可以并且只可以在操场上玩这些喧闹的游戏！如果我发现有人把湿黑板擦到处乱扔，把教室弄得一团糟，甚至把作业本和书弄湿，那么他就会得到额外的擦一周黑板的任务。他要确保一切都干干净净的，让我们随时可以使用擦干净的黑板！"

在这里，教师避免了指责，同时说出了重要的信息。他必须摆脱最初的激烈情绪，把重点放在表达对日后的愿望和期待的结果上。

当凯文坚定地说出以下这段话的时候，他与同桌的矛盾也会有不一样的重点。

"这是我的橡皮。我希望它永远都在我这里！

以后你要是再敢不经过我的同意就拿我的橡皮，你就要当心了！我希望这些东西你以后自己带来或者从别的什么地方拿来！"

这样一来，教师可能就不怎么需要干预了，凯文和同桌也不会在课堂上互相指责、影响大家了。

请允许我表达一下我的愿望：今年内你每周都注意一下你是如何通过表达愿望而非指责他人，使你的人际关系变得轻松、和谐的。

"好了，大家坐下来！老师，您坐在中间。我们从来没有见过您像刚才那样。整个学校都在颤抖！"

"是的，必须好好批评一下你们，因为你们……"

"我们也很抱歉！"

"我只是希望……"

"知道，知道！"

"知道什么？"

"哦，布鲁姆老师，我们知道会发生什么。"

"我的意思是，实际上我没有什么要责备你们的……"

"是的，是的，基本上您对我们都没什么意见；不然，可能有更糟糕的事情发生在我们身上。"

"你们对我有什么特别的希望吗？有吗？……米内特？"

"没有，布鲁姆老师，我一切都很好，我有一个可爱的兔子什么的。我只是有点儿怕特奥，他差点儿咬了我。"

"卡里，你在这里感觉不太好吗？"

"卡里吗？他觉得自己酷极了！"

"布鲁姆老师，我告诉您一件事：您之前对我的批评现在还让我感到很伤心呢！"

$$a^2 + b^2 = c$$

极小化极大策略一览表

1. 谈论学生的问题和困难时，要用"过去""以前"

2. 用"如何""什么""哪些"等提问来引导学生思考

3. 用"而是"鼓励学生明确说出自己的目标

4. 在描述问题时，"总是"这个词从来都不准确！

5. 用"你的问题类似于……"激发学生的积极性

6. 不要说让人焦虑的话，而要说让人产生信心的话

7. 用"还没有"暗示学生问题能够解决

8. 使用具有建设性的特殊疑问句

9. 问学生的问题要具体！

10. 用"假设你会……"帮助学生预设目标

11. 用"假装你是……"激发学生的灵感

12. 告诉学生他只是"认为自己做不到"

13. 正话反说，提出建议

14. 教师的语言：夸张还是适度？

15. 面对"难对付的"学生时，多用否定句表达观点

16. 规避指责，表达愿望

"我们本来想为您准备一些东西的……它原本应该是其中的一部分，不过薯片……这里，这里！……在之前被没收了，可乐也可能被喝掉了，不过这无所谓了。"

"那么这和美术课有什么关系？"

"哦，我们只是按照最近在美术课上看到的一幅画来设想的。因为是您启发了我们……"

"我？我倒是倍感荣幸！"

"还有您的旧包，海纳的球和卡里的帽子……以及我的薯片！就是缺了朱蒂。这幅画是个叫雷纳德的人画的。您的教美术课的同事认为只要受过教育的人都认识他。"

"我在这方面可能存在知识盲区吧。"

"您可以问乌尔斯，他精通这些，是我们当中行走的教科书！"

"不，我不这么认为，布鲁姆老师。'不识庐山真面目，只缘身在此山中'，这就是问题所在！"

"哎呀，已经过了放学时间了！我们要赶紧回家，而且今天有雷雨。还有，一天两节数学课实在是太多了！好了，再见。布鲁姆老师，明天见！您不必担心我们！"

后 记

本书中的很多内容都来自人们的真实反馈。如果你能给我写信或发电子邮件，分享你对这些极小化极大策略的感想，或者告诉我你在使用这些策略时收获了哪些经验，我会非常高兴。

收信地址：

Dr. Manfred Prior

Frankfurter Str. 19

65830 Kriftel bei Frankfurt

电子信箱：

Manfred.Prior@meg-frankfurt.de

$$a^2 + b^2 = c$$

怎么样？刚才那节课进行得不太顺利吧？一小时前我是真的设想到会这样。由此你可以明白教师的耐心和教学经验多么重要。

$$a^2 + b^2 = c$$

对，对，我忽略了一些数学知识。但是对学生而言，有时其他东西似乎同样重要。至于这些沟通策略的实践效果如何……我想你已经看到了……

$$a^2 + b^2 = c$$

那么，我在接下来的一节课里必须表现得更加强势一些。所以现在我要休息了。祝大家晚安。

$$a^2 + b^2 = c$$

$$a^2 + b^2 = c$$

抱歉，我又回来了。这样写公式是不对的！作为一名认真的教育工作者……

好了，现在我可以安心睡觉了……

等等！我忘了拿最重要的东西！是的，我真是健忘……

怎么样？你对它就没有什么期待吗？

$a^2 + b^2 = c^2$

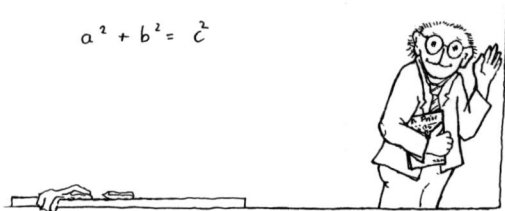

书店里肯定为你准备了好多本。好了，祝你好运！

Original title: MiniMax für Lehrer – 16 Kommunikationsstrategien mit maximaler Wirkung
Copyright © 2009,2019 in the publishing group Beltz • Weinheim Basel
Simplified Chinese translation copyright ©2023 by Beijing Science and Technology Publishing Co., Ltd.
All rights reserved.

著作权合同登记号　图字：01-2022-5821

图书在版编目（CIP）数据

　　教师的高效沟通策略 /（德）曼弗雷德·普赖尔，（德）海克·温克勒著；（德）迪特尔·坦根绘；曹颖译. —北京：北京科学技术出版社，2023.5
　　ISBN 978-7-5714-2913-3

　　Ⅰ . ①教… 　Ⅱ . ①曼… ②海… ③迪… ④曹… 　Ⅲ . ①教师—人际关系学 　Ⅳ . ① G451

　　中国国家版本馆 CIP 数据核字 (2023) 第 031298 号

策划编辑：郭　爽
责任编辑：代　艳
责任校对：贾　荣
封面设计：源画设计
图文制作：旅教文化
责任印制：吕　越
出 版 人：曾庆宇
出版发行：北京科学技术出版社
社　　址：北京西直门南大街 16 号
邮政编码：100035
电　　话：0086-10-66135495（总编室）
　　　　　0086-10-66113227（发行部）
网　　址：www.bkydw.cn
印　　刷：三河市华骏印务包装有限公司
开　　本：880 mm×1230 mm　1/32
字　　数：81 千字
印　　张：5.25
版　　次：2023 年 5 月第 1 版
印　　次：2023 年 5 月第 1 次印刷
ISBN 978-7-5714-2913-3

定　　价：55.00 元